Geschichte, Deutsch
Die griechische Antike
Offenes Lernen im Geschichteunterricht

GABRIELE HOFER

VERITAS

Meinen Eltern,
meinem Mann
und meinen Söhnen
Christoph und Phillipp
gewidmet

Ein Dankeschön an alle meine Schülerinnen und Schüler der vergangenen 15 Jahre, von und mit denen ich lernen und wachsen durfte!

Inhalt

Vorwort 4
    Zu diesem Buch 5
Zur Idee des offenen Unterrichts 6
    Die Gestaltung der Arbeitspläne 8

Ein Beispiel für fächerübergreifenden Unterricht:
Die Frühzeit der griechischen Geschichte 10
    Die drei fächerübergreifenden Arbeitspläne 11

Hinweise zum Arbeitsplan „Griechische Frühzeit 1" (GSK, D, BE) .. 11
    Arbeitsplan: Griechische Frühzeit 1 12
    AB Griechische Sagen 1: Der trojanische Krieg 13
    AB Griechische Sagen 1A: Der trojanische Krieg für Spezialisten .. 15
    IB: Die Burganlage von Mykene 16
    AB Griechenland 1: Die Frühzeit der griechischen Geschichte 17
    Quizkärtchen Odysseus 19

Hinweise zu den Plänen „Griechische Frühzeit 2 und 3" (GSK, D, BE) 25
    Arbeitsplan: Griechische Frühzeit 2 26
    Hörtext: Der Minotauros 27
    AB Griechenland 2: Die Palastkultur Kretas 29
    Labyrinth: Theseus und der Minotauros 31
    Laufdiktate Griechenland 1, Griechenland 2 32
    AB Griechenland 3: Die Götterwelt der Griechen 33
    AB Griechenland 4: Wie sich die Griechen ihre Götter vorstellten 35
    Puzzle: Die Weihestätte von Delphi 37
    Spielanleitung: Götterquartett 38
    Spielkarten Götterquartett 39

    Arbeitsplan: Griechische Frühzeit 3 44
    Spielanleitung: Die Arbeiten des Herakles 53
    Spielkarten Herakles 45
    Folientext: Die Spiele im antiken Olympia 54
    AB Griechenland 5: Die Olympischen Spiele 55
    Folientext: Antike Athleten – Amateure oder Profis? .. 56

Die griechische Antike: Offenes Lernen im
Geschichte- und Sozialkundeunterricht 57
    Weitere Materialien für offenes Lernen 57

Hinweise zum Arbeitsplan „Griechische Antike 1" 58
    Vorbereitungen vor dem Unterricht 58
    Arbeitsplan: Griechische Antike 1 59
    Bastelbogen: Die Agora 60
    Regierungsformen 61
    LÜK: Staatliches Leben im alten Griechenland 63
    Ausschneidebogen: Staatsformen 64
    AB Griechenland 6: Die Entwicklung der Stadtstaaten (1) 65
    AB Griechenland 7: Die Entwicklung der Stadtstaaten (2) 67
    Ausschneidebogen: Demokratie 69
    Kluppenkarte: Demokratie einst und heute 70
    Puzzle: Demokratie 71

Hinweise zum Arbeitsplan „Griechische Antike 2" 72
    Vorbereitungen vor dem Unterricht 72
    Arbeitsplan: Griechische Antike 2 73
    AB Griechenland 8: Die griechische Kultur 74
    IB: Die Akropolis von Athen 76
    Puzzle: Baukunst 77
    Bandolo: Das griechische Theater 78
    LÜK: Das Alltagsleben der Griechen 79
    AB Griechenland 9: Alltagsleben in Griechenland 80
    AB Griechenland 10: Der peloponnesische Krieg/
        Alexander der Große 82
    IB: Der Kriegszug Alexanders des Großen 84
    Hörtext: Alexander der Große 85
    Hörtext: Die Weltstadt Alexandria 87
    AB Griechenland 11: Der Hellenismus 88

Hinweise zum Arbeitsplan „Griechische Antike 3" 90
    Vorbereitungen vor dem Unterricht 90
    Arbeitsplan: Griechische Antike 3 91
    Bohnenquiz-Kärtchen 92
    Folientext: Was passt nicht dazu? 95
    Geschichtequartett 96
    Bingo: Hinweise für LehrerInnen/Drehscheiben 102
    Bingo: Spielanleitungen 103
    Bingo: Buchstabenkärtchen 104
    Bingo: Angabeblätter 105
    Bingo: Lösungstafeln 106

Wiederholung: Die Geschichte Griechenlands 107

Lösungen 109
Literatur 112
Bildnachweis 112

Vorwort

Unsere Gesellschaft ist ständig dabei, sich zu verändern. Derzeit, an der Schwelle zu einem neuen Jahrtausend, erleben wir den Wandel von der Industriegesellschaft zur Informationsgesellschaft.
Berufsbilder und Berufschancen unterliegen ständig Änderungen. Neue Berufe entstehen, andere verschwinden.
In wirtschaftlichen Unternehmen lösen sich alte Hierarchien auf oder verändern sich. Transparenz im Unternehmen – wie etwa Klarheit über Ziele und Entwicklungstendenzen – soll die Identifikation mit der Arbeit möglich machen, soll die ArbeitnehmerInnen zu echten MitarbeiterInnen machen, die sich verantwortlich fühlen, Ideen haben, Urteilsfähigkeit besitzen. Zunehmend gefragt sind Teamfähigkeit, kommunikative Fähigkeiten, Kreativität, aber auch Eigenorganisation und selbstverständlich die Bereitschaft, sich neuen Anforderungen zu stellen.
Damit die Schule den veränderten Arbeits- und Lebensbedingungen gerecht werden kann, muss sie selbst sich mit verändern.

Was kann die Schule in der gegenwärtigen Umbruchssituation für ihre SchülerInnen leisten?

Schlagwörter wie „offenes Lernen", „soziales Lernen", „neue Lernkultur" weisen darauf hin: Die Wissensvermittlung wird auf ein Grundlagenwissen eingeschränkt – denn über konkretes Wissen hinaus geht es nun darum, den SchülerInnen den Weg zu eröffnen für lebenslanges, selbstverantwortetes Lernen. Es geht darum, Kompetenzen zu vermitteln, die zu Teamarbeit, Gesprächsführung, zur Präsentation von Inhalten, aber auch zum Finden eigener Zielsetzungen befähigen.

„Für das Leben lernen wir" – was heißt das konkret?

SchülerInnen müssen lernen, selbsttätig zu sein, d. h. sich Lerninhalte mittels bereitgestellter Materialien eigenständig zu erarbeiten und die erbrachte Leistung selbstständig zu überprüfen. Darüber hinaus müssen sie lernen, sich selbst zu organisieren, d. h. sich die Arbeit selbstständig einzuteilen, unter zusätzlichen Lerninhalten eine Auswahl zu treffen usw. Sozialkompetenzen werden durch verstärktes Zusammenarbeiten – sei es in Form von Partnerarbeit oder Gruppenarbeit – gefördert. Schule soll Lebens- und Erfahrungsraum sein, was bedeutet, dass der strenge Fächerkanon aufgebrochen wird, um fächerübergreifendem Lernen und Projektunterricht Platz zu machen. Schulbibliotheken, die zu Lernzentren ausgestaltet werden sollen, spielen auf dem Weg zur Selbstkompetenz im Beschaffen von Wissen eine wesentliche Rolle.

**Hehre Ziele
– und die Umsetzung im Unterricht?**

Das „offene Lernen" ermöglicht jene methodischen Umstellungen, die dieses lebenslange Lernen schon in der Unterstufe in die Wege leiten.
Da das eigenständige Erstellen von Arbeitsmaterialien sehr viel Zeit in Anspruch nimmt, soll dieses Buch als Sammlung von Kopiervorlagen und Anregungen dienen und Einstiegshilfe in offene Lehr- und Lernformen sein. Die Materialien dieses Bandes, in meinem Deutsch- bzw. Geschichtsunterricht der 2. Klasse entwickelt und eingesetzt, zielen nicht zuletzt auf den Spaß am Lernen und damit auf die Erhöhung der Motivation ab. Selbst die trockenste Materie kann in lustbetontes Arbeitsmaterial umgestaltet werden.
Ziel dieser Unterrichtsplanung ist selbstständiges Denken und Freude am Lernen, verbunden mit Weichenstellungen für Selbstverantwortung, Selbstorganisation und den Erwerb von Sozialkompetenzen.

Am Ende dieser Entwicklung steht das eigentliche Ziel jedes/jeder Erziehenden: Wir haben uns überflüssig gemacht! Denn der, der sich selbst erziehen kann, ist mündig und vorbereitet auf ein Leben, in dem Lernen ihn konstant begleiten wird.

Vorwort

Zu diesem Buch

Offenes Lernen

Zwar ist dieses Buch darauf ausgerichtet, möglichst viele KollegInnen von der Methode des „offenen Lernens" zu überzeugen, dennoch ist es natürlich kein Muss, die vorliegenden Materialien ausschließlich in offenen Unterrichtsformen anzuwenden. Man kann mit ihnen durchaus auch im herkömmlichen Stil unterrichten und die Arbeitspläne beiseite lassen. Ich bin zwar eine überzeugte Anhängerin des offenen Lernens, weil es zahlreiche Vorteile bietet (siehe Seite 6f.), aber wie jede andere Methode verträgt sie keinen Absolutheitsanspruch. Jeder Lehrer/jede Lehrerin muss für sich herausfinden, wie viel davon er/sie in seinen/ihren Unterricht einbringen möchte.

Alle Arbeitspläne sind daher als Vorschlag aufzufassen, lassen sich zerteilen und/oder anders zusammenfügen bzw. mit anderen Ideen ergänzen, wie es die Unterrichtssituation eben erfordert. Was mir beim Zusammenstellen des Buches vorschwebte, war, interessierten KollegInnen den Einstieg zu erleichtern bzw. jene, die zwar die Methode als gut, den Arbeitsaufwand jedoch als viel zu groß befunden haben, zum Weitermachen zu ermuntern. Es soll versierten KollegInnen einen Teil der Vorbereitung abnehmen: Durch gutes Unterrichtsmaterial zum offenen Lernen, das wie es ist verwendet und eingesetzt werden kann, sowie durch ein wohlüberlegtes didaktisches Konzept, das dahinter sichtbar wird.

Fächerübergreifendes Lernen

War die Schule die längste Zeit hindurch darauf ausgerichtet, Fachwissen zu vermitteln, ist sie nun genötigt, sich zu öffnen, um den neuen Anforderungen gerecht zu werden. Im Zeitalter der Informationsgesellschaft ist „Vernetzung" das neue Schlagwort. Vernetzung heißt für den Unterricht, den strengen Fächerkanon aufzubrechen, Wissen fächerübergreifend zu vermitteln. Eine neuerliche Änderung der Lehrpläne wird hierfür voraussichtlich bessere Möglichkeiten schaffen. Bei sehr idealistischen Lehrerteams sind Absprachen schon heute in großem Rahmen üblich. Es lohnt sich aber, schon im Kleinen anzufangen, die eigenen Fächer zu vernetzen und Ideen zur Bearbeitung eines Themas an KollegInnen eines anderen Unterrichtsgegenstandes heranzutragen. Nicht selten werden solche Ideen erfreut aufgegriffen und lassen eine gedeihliche Zusammenarbeit entstehen. Dabei muss nicht unbedingt die übliche Stundeneinteilung aufgebrochen werden. Es kann durchaus mit einem fächerübergreifenden Arbeitsplan in den Deutschstunden an Arbeitsaufgaben aus Deutsch und in den Stunden für Bildnerische Erziehung an Arbeitsaufgaben aus diesem Bereich, also stundenmäßig getrennt, gearbeitet werden. Dennoch bewirkt die Koordination, dass die Beschäftigung mit dem jeweiligen Thema tiefgreifender ist. Da ich eine gängige Fächerkombination – nämlich Deutsch und Geschichte – unterrichte, drängen sich manche Bezüge förmlich auf. Vor diesem Hintergrund sind die vorliegenden Arbeitsmaterialien entstanden, die sich daher nicht ausschließlich auf den Geschichte- und Sozialkundeunterricht beziehen, sondern auch eine mögliche fächerübergreifende Vernetzung deutlich machen.

Die zwei Teile dieses Buches

Im ersten Abschnitt soll gezeigt werden, wie sehr sich gerade für die **Frühzeit** der griechischen Geschichte fächerübergreifendes Arbeiten anbietet. In den Arbeitsplänen sind die Gegenstände Geschichte und Sozialkunde, Bildnerische Erziehung und Deutsch vertreten.

Der zweite Abschnitt stellt weitere Materialien für offenes Lernen beim Erarbeiten der griechischen **Antike** im Geschichte- und Sozialkundeunterricht vor.

Im Anhang (Seite 109f.) sind die **Lösungen** zu den Arbeitsblättern abgedruckt.

Zur Idee des offenen Unterrichts

Wie funktioniert offener Unterricht?

„Offener Unterricht" kann sehr unterschiedlich ablaufen, je nach Schulstufe, Anzahl der LehrerInnen, die in der jeweiligen Klasse „offen" unterrichten, Schulart etc. Während mitunter nur ein oder zwei LehrerInnen mit dieser Methode arbeiten, gibt es Schulen, an denen täglich zwei Stunden Freiarbeitszeit im Stundenplan von vornherein vorgesehen sind!
An dieser Stelle soll „offener Unterricht" daher so vorgestellt werden, wie er von jedem und jeder, der/die den Unterricht neu gestalten und neu entwerfen mag, eingesetzt werden kann.

Bei dieser Unterrichtsform werden den SchülerInnen Unterrichtsmaterialien angeboten, die es ihnen ermöglichen, selbstständig zu arbeiten. Sie absolvieren Pflichtübungen, um den Lehrstoff zu erarbeiten, und treffen daneben eine Auswahl verschiedener Wahlübungen. Sie tun dies in einer anfangs vorgegebenen, allmählich immer öfter frei gewählten Sozialform.

Natürlich fallen lehrerzentrierte Unterrichtsabschnitte, in denen Inhalte erarbeitet, Erfahrungen ausgetauscht, Erkenntnisse präsentiert werden usw., nicht vollständig weg, sie sind jedoch gegenüber den schülerzentrierten Unterrichtsphasen deutlich verringert. In dieser Unterrichtsform ist es nicht die Rolle des Lehrers/der Lehrerin, zentral im Mittelpunkt zu stehen und das Geschehen zu lenken: Unsere Tätigkeit im Unterricht beschränkt sich in den Erarbeitungsphasen weitgehend auf Beobachten, unterstützendes Eingreifen, Loben und Kontrollieren. Dafür sind die Vorbereitungsphasen – Erstellen des Arbeitsplans, Auswahl und Herstellen (Schreiben, Zeichnen, Kopieren, Folieren, Zerschneiden etc.) der Materialien – wesentlich aufwendiger als im herkömmlichen Unterricht. Hierbei wird das Augenmerk auf Anschaulichkeit, auf ganzheitliches Lernen, also Lernen mit allen Sinnen, auf die unterschiedlichen Wahrnehmungstypen, aber auch auf die Möglichkeit zur Selbstkontrolle und den Spaß am Lernen gerichtet. Puzzles, Bandolos, Rätsel, Würfelspiele, Quartette, LÜK-Kästen und vieles mehr bieten sich für die Wissensvermittlung an!

Die Materialien zielen in ihrer Gestaltung darauf ab, motivierend – d.h. für SchülerInnen „schön" – zu sein, eine reichhaltige Palette zur Erarbeitung neuen Lernstoffes wie zur Festigung von Gelerntem im Sinne des „learning by doing" anzubieten, lerntypengerechtes und leistungsdifferenziertes Lernen möglich zu machen und – last not least – Spaß zu machen.

Arbeitspläne

Ein Arbeitsplan, aus dem die Pflicht- und Wahlübungen sowie die zugehörigen Arbeitsanweisungen, gegebenenfalls die Form der Kontrolle und die Sozialform zu ersehen sind, dient jedem/jeder SchülerIn als Wegweiser durch das Unterrichtsgeschehen. In einer eigenen Rubrik können die SchülerInnen abhaken, was sie bereits erledigt haben.
Gerade für die ersten Stunden offenen Lernens mit jüngeren Schülern eignen sich fantasievoll gestaltete Pläne, die zum behandelten Thema passen (z. B. Urmenschen mit Urzeittieren und dazwischen – nicht ganz regelmäßig eingefügt – die nötigen Arbeitsanweisungen), sicher sehr gut! Die ersten Pläne werden vor Arbeitsbeginn gemeinsam besprochen, was mit geübteren SchülerInnen später sicher nicht mehr notwendig ist.

Material

Im Unterricht häufig benötigtes Material wie Scheren, Klebstoff, Lexika bzw. die Bücher des je aktuellen Handapparats, aber auch unfertige Produkte wie Plakate, an denen gearbeitet wird, sollten in der Klasse aufbewahrt werden können. Tatsächlich schleppen die meisten LehrerInnen, die offenen Unterricht praktizieren, stets viel mit sich herum. Aufgeschlossene Eltern sind vielleicht bereit, unsere Tätigkeit mit Spenden in Form von Hängeordnern oder Regalen, die sie nicht mehr benötigen, zu unterstützen.

Regeln

Ordnung halten ist natürlich ein wichtiges, den SchülerInnen aber sehr bald durchaus einsichtiges Prinzip. Womit wir bei den Regeln des offenen Lernens wären, an die sich die SchülerInnen selbstverständlich zu halten haben. Sinnvoll ist es, diese Regeln beim Einführen des offenen Lernens zu entwickeln. Bei zu großem Arbeitslärm in der Klasse gibt es bald Kinder, die sich beim Lehrer beschweren, oder es kommt zu Streit. Das ist der Zeitpunkt, um mit der Klasse eine Lösung des Problems zu suchen und eine für alle verbindliche Regel aufzustellen. Die Frage, ob es weitere Wünsche für Regeln gibt, und das Festlegen einer entsprechenden, wenn möglich lustbetonten Sanktion, mit der man sich anfreunden kann – z. B. eine Packung Süßigkeiten vom Taschengeld zu kaufen und der Klasse zum Verzehr zu überlassen – ermöglicht das gemeinsame

Fixieren von Verhaltensregeln. Die folgenden Regeln sind für das offene Lernen übliche Vereinbarungen, die auf die Förderung von Sozialkompetenzen, eine produktive Arbeitsatmosphäre, Eigenständigkeit usw. abzielen:

◆ Ehe du den Lehrer/die Lehrerin fragst, bitte drei MitschülerInnen um Hilfe.
Nur, wenn du so nicht bekommen konntest, was du brauchst, darfst du zum Lehrer/zur Lehrerin kommen.
◆ Hilf, wenn dich jemand darum bittet!
◆ Arbeite ruhig und führe die nötigen Gespräche im Flüsterton!
◆ Geh mit den Materialien sorgfältig um!
◆ Kontrolliere deine Ergebnisse sorgfältig!
◆ Loche deine Arbeitsblätter und ordne sie gleich richtig in deine Mappe ein!
◆ Stelle die Materialien dorthin zurück, woher du sie genommen hast!

Was macht offenen Unterricht für den Lehrer/die Lehrerin (trotz des hohen Arbeitsaufwands) attraktiv?

Beim offenen Unterricht wird entdeckendes Lernen, also Selbsttätigkeit beim Erarbeiten der Lerninhalte, angestrebt. Die Motivation der SchülerInnen ist beim „learning by doing" größer, als wenn Erkenntnis vorgefertigt präsentiert und später nur reproduziert wird. Schon Maria Montessori formulierte den Wunsch der Kinder nach Selbstständigkeit, Selbsttätigkeit und eigener Erfahrungsmöglichkeit in dem bekannten Satz „Hilf mir, es selbst zu tun!". Kommt man diesem Wunsch nach Selbsttätigkeit entgegen, erhöht sich einerseits die Motivation, womit auch der Lernfortschritt gefördert wird. Andererseits wird durch die Selbsttätigkeit das Erlernte besser behalten. Ein Gedankenschritt, den ich selbst vollzogen habe, prägt sich mehr oder weniger von selbst in mein Gedächtnis ein!

Dass diese Art des Arbeitens zweifellos anstrengender sein kann, als einem Lehrervortrag zu folgen, wo man zwischendurch auch abschalten kann, ohne dass es sofort auffällt, gebe ich zu. Gerade in der Einführungsphase in diesen Unterricht zeigen manche SchülerInnen nach einiger Zeit Ermüdungserscheinungen, vielfach deshalb, weil sie zu Beginn unbedingt alle Übungen erledigen wollen, selbst wenn vorgegeben ist, dass nur eine bestimmte Anzahl von Wahlübungen gemacht werden soll. Das Problem gibt sich mit der Zeit, wenn sich die SchülerInnen daran gewöhnt haben, eine Auswahl zu treffen. Auch die Konzentrationsfähigkeit nimmt im Laufe der Zeit zu.

Die Heterogenität einer Klasse ist bei dieser Unterrichtsform ein geringeres Problem, da die SchülerInnen das ihnen eigene Arbeitstempo wählen und weder warten müssen, bis langsamere SchülerInnen mit einer Übung fertig sind, noch gedrängt werden, schneller zu sein, weil schon alle warten. Wer früher fertig ist, kann mehr Wahlübungen machen.

Durch die ständige Übungssituation beim offenen Lernen erhöht sich nach und nach die Sozialkompetenz. Konflikte, die beim Arbeiten entstehen, müssen miteinander, zunächst auch mit Hilfe des Lehrers/der Lehrerin, gelöst werden, damit weiterhin im Team gearbeitet werden kann. MitschülerInnen zu fragen und anderen zu helfen, das wird im Lauf der Zeit zur Selbstverständlichkeit.

Die SchülerInnen eignen sich Kompetenz im Beschaffen von Wissen an, weil jeder/jede Einzelne viel öfter, als es in einem lehrerzentrierten Unterricht möglich ist, aufgefordert ist, selbsttätig zu werden, im Lexikon nachzuschlagen, die Frage mit MitschülerInnen zu besprechen und zu versuchen, gemeinsam eine Lösung zu finden, ehe er/sie sich mit Fragen beim Lehrer/bei der Lehrerin einstellt. Nach und nach wird es zur Selbstverständlichkeit, selbst nach der nötigen Information zu suchen.

Außerdem ist es für jeden Lehrenden/jede Lehrende eine Freude zu sehen, dass die SchülerInnen mit Spaß am Lernen sind.

Es lohnt sich also, den größeren Arbeitsaufwand auf sich zu nehmen!

Arbeitspläne

Die Gestaltung der Arbeitspläne

Beim ersten Arbeiten mit einem Arbeitsplan, der zu diesem Zeitpunkt – wie ich meine – für *eine* Unterrichtsstunde konzipiert sein sollte, erfahren die SchülerInnen, was der Arbeitsplan leistet, was sie ihm entnehmen können, wie sie damit umgehen sollen.

Viele KollegInnen wählen zunächst oft fantasievoll gestaltete Pläne, die zum behandelten Thema passen, denn SchülerInnen mögen ansprechendes Bildmaterial. Ich habe mich dennoch dafür entschieden, von Anbeginn an eine streng schematische Form zu verwenden, damit sich die SchülerInnen nicht jedes Mal neu orientieren müssen. Zudem ist sie auch für Monatspläne ohne Abänderung einsetzbar, kann leicht für fächerübergreifende Pläne adaptiert und – last not least – per Computer mühelos gehandhabt werden. Allerdings wird die strenge Form durch grafische Darstellungen, die zu den behandelten Themen passen, aufgelockert.

Hier das von mir verwendete Schema:

Die erste Rubrik gibt an, ob eine

! Pflicht- oder
✱ Wahlübung vorliegt.

Pflichtübungen müssen gemacht werden. Bei Wahlübungen wird die Auswahl von den SchülerInnen getroffen; vorgegeben wird von mir nur, wie viele Wahlübungen mindestens erledigt werden müssen.
Manchmal ist es notwendig, dass Pflichtübungen in einer bestimmten Reihenfolge erledigt werden. Ich versehe dann das Rufzeichen mit den entsprechenden Ziffern:

1**!** ist vor 2**!** und vor 3**!** zu erledigen!

Manchmal kann auch zwischen Pflichtübungen gewählt werden. Das erscheint mir dann sinnvoll, wenn Übungen zwar denselben – vom Lehrstoff her gesehen – unerlässlichen Inhalt zur Erarbeitung anbieten, dieser aber in unterschiedlichen Sozial- und/oder Arbeitsformen (z. B. als Kreuzworträtsel oder Quizspiel) präsentiert werden kann. Auch die Berücksichtigung der unterschiedlichen Wahrnehmungstypen legt es manchmal nahe, solche Wahlmöglichkeiten anzubieten. So kann z. B. eine griechische Sage nicht nur zum Lesen, sondern auch auf Kassette zum Hören angeboten werden, was auditiven Typen entgegenkommt und darüber hinaus auch von visuellen Typen gerne angenommen wird. Denn nach längerer intensiver Arbeit hat das Hören einer Sage oder eines anderen Textes per Kopfhörer durchaus auch Entspannungscharakter. Und Genuss ist ja schließlich nicht nur erlaubt, sondern immer willkommen!

In der ersten Spalte erfahren die SchülerInnen außerdem, welche **Sozialform** ich vorschlage. Allerdings ist gerade die Sozialform das, was man den SchülerInnen sehr bald nicht mehr vorzugeben braucht. Partnerarbeit ist anfangs die geeignetste Arbeitsform; sie macht Spaß und ist am wenigsten konfliktträchtig. Größere Gruppen, die gut miteinander arbeiten können, finden sich im Laufe der Zeit zusammen. Sympathien, aber auch das individuelle Arbeitstempo spielen hier eine relativ große Rolle. Das Ausprobieren, wer mit wem in ein Team passt, geht nicht ohne Störungen und Konflikte ab, die immer wieder in Gesprächen aufgearbeitet werden müssen, was – wie ich offen zugebe – zum Teil sehr kraft- und zeitraubend sein kann. Aber wenn man solche mitunter entmutigenden Phasen durchsteht, kommt der Zeitpunkt, wo das Arbeiten in durchaus wechselnden selbst gewählten Kleingruppen zur Selbstverständlichkeit wird.

Die Spalte **Material** gibt an, was die SchülerInnen zum Durchführen der Aufgabe benötigen.

Pflicht / Wahl Sozialform	Material	Thema	Arbeitsaufgabe	Kontrolle	begonnen/ erledigt
1**!** 👤	Angabe des benötigten Materials,	Schlagwort, z. B. Mykene	◆ Abfolge ◆ der ◆ einzelnen	SK (= Selbstkontrolle)	
✱ 👥	z. B. Arbeitsblätter, Klebstoff, Schere	oder Götterwelt der Griechen	◆ Arbeitsschritte,	LK (= Lehrerkontrolle)	
! 👤			◆ Arbeitsanweisung	gemeinsame Besprechung bzw. OH-Kontrolle	

Unter **Thema** findet sich ein Schlagwort zum behandelten Lehrstoff. Dieses ist den SchülerInnen eine kleine Hilfe bei der Entscheidung, in welcher Reihenfolge sie die Übungen bearbeiten. Viele beginnen mit dem, was sie als besonders schwierig einstufen, um es hinter sich zu bringen, andere wählen zuerst das, was sie am meisten interessiert.

Die Rubrik **Arbeitsaufgabe** enthält die Arbeitsanweisungen und die Abfolge der einzelnen Arbeitsschritte. Ich verlange von meinen SchülerInnen ausdrücklich, dass sie, ehe sie zu arbeiten beginnen, alle Punkte der Übung durchlesen (was keine Selbstverständlichkeit ist) und Wichtiges unterstreichen. Erst danach bin ich bereit, Fragen zu beantworten. Beim Ausführen der Arbeitsanweisungen muss jede einzelne abgehakt werden, damit nichts überlesen wird.

In der Spalte **Kontrolle** ist angegeben, ob es die Möglichkeit zur Selbstkontrolle, z. B. in Form eines Kontrollblattes für die Arbeitsblätter, gibt oder ob das Blatt dem/der LehrerIn gezeigt werden muss. Manchmal findet sich auch die Angabe *gemeinsame Besprechung* oder *OH-Kontrolle*, was mir vor allem dort sinnvoll erscheint, wo ich – wie beim Aufsatzunterricht – den richtigen Lösungen Erklärungen für alle hinzufügen möchte. In diesem Fall wird zu einem von mir vorher angekündigten Zeitpunkt – z. B. zehn Minuten vor Ende der Unterrichtsstunde – die Arbeit abgebrochen und die Ergebnisse werden gemeinsam überprüft und besprochen. Die tatsächlich benötigte Zeit ist natürlich je nach Arbeitsaufgabe und durchschnittlichem Arbeitstempo der SchülerInnen zu bemessen.

Ziel in puncto Kontrolle bleibt es aber, die SchülerInnen zu Eigenverantwortung, also zum selbstständigen Überprüfen ihrer Arbeit zu erziehen. Anfangs ist es mitunter hilfreich, auf die Selbstkontrolle eine Partnerkontrolle folgen zu lassen. Die jüngeren SchülerInnen schlüpfen nur allzu gerne in die „Lehrerrolle" und suchen mit großem Eifer nach übersehenen Fehlern. Daraus erwachsender Ärger und die Frage „Was kannst du tun, um dir diesen Ärger zu ersparen?" führen rasch zu der Erkenntnis, dass genaueres Kontrollieren zielführend ist.

Unter **„begonnen/erledigt"** ziehen die SchülerInnen bei Beginn der Übung einen Schrägstrich und nach der Kontrolle den zweiten, sodass sie selbst wie der/die LehrerIn den Überblick haben, was bereits getan bzw. noch zu tun ist. Speziell bei Arbeitsplänen über mehrere Stunden ist das hilfreich.

In den Arbeitsplänen sind einzelne Kapitel durch dickere horizontale Linien deutlich gemacht. So ist es möglich, den SchülerInnen Hinweise zur Zeiteinteilung zu geben, z. B. dass sie für das Kapitel „Götterwelt" nicht mehr als zwei Unterrichtsstunden benötigen sollen. Größere Arbeitspläne weisen bei mir zum Schluss stets Arbeitsaufgaben auf, die die Zusammenfassung des Lehrstoffes und die Überprüfung des Wissens bieten, d. h. es gibt in Geschichte z. B. Arbeitsblätter, die einen chronologischen Überblick verschaffen, oder Quartette, in denen die behandelten Bereiche spielerisch wiederholt werden. Auch Quizkarten helfen den Stoff noch einmal rekapitulieren, und zwar allein oder im Frage- und Antwortspiel mit anderen, wie es dem/der SchülerIn lieber ist.

Die Beurteilung

Zur Beurteilung sehe ich einerseits die Mappen, in denen die Arbeitsblätter und sonstige Arbeitsergebnisse gesammelt werden, auf Vollständigkeit und Sorgfalt beim Arbeiten durch. Anschließend folgt eine schriftliche und eine mündliche Wiederholung des Stoffes, die je nach Umfang des erarbeiteten Stoffgebietes ein bis zwei Stunden in Anspruch nimmt. Negative Ergebnisse können durch eine mündliche Prüfung ausgebessert werden.

Fächerübergreifende Pläne

Für einen fächerübergreifenden Arbeitsplan habe ich die Spalte **Fach** in den Arbeitsplan eingefügt, in der die gängige Abkürzung für den Gegenstand eingetragen ist. Sie dient der Orientierung, in welche Mappen die Arbeitsergebnisse einzuordnen bzw. welcher Lehrkraft sie letztlich vorzulegen sind.

Ein Beispiel für fächerübergreifenden Unterricht: Die Frühzeit der griechischen Geschichte

Die griechischen Götter und Helden sind bis heute ein Stoff, der die Fantasie beflügelt. Was liegt also näher, als den SchülerInnen die griechische Frühzeit anhand der „schönsten Sagen des klassischen Altertums" nahe zu bringen? Als Grundlage für die folgenden fächerübergreifenden Unterrichtseinheiten dient das Goldmann Taschenbuch von Gustav Schwab, „Die schönsten Sagen des klassischen Altertums", in dem Schwabs Text in neuer, auf das Wesentliche beschränkter Bearbeitung vorliegt.

Für den **Unterrichtsgegenstand Deutsch** ist die Lektüre der Kapitel „Die Götterwelt der Griechen" (S. 12–15), „Der trojanische Krieg" (S. 125–158), „Herakles" (S. 66–85) vorgesehen. Das Kapitel über die „Irrfahrten und Heimkehr des Odysseus" (S. 158–189) sollte auf Kassette gesprochen werden, um den auditiven Typen entgegenzukommen. Das so gewonnene Wissen wird beim Ausfüllen von Arbeitsblättern und Rätseln oder in einem Spiel verwertet bzw. überprüft. Ein fiktives Interview mit griechischen Sagengestalten bietet Anreiz zum Sprechen, Rollenspiel und Schreiben und könnte – wie unten ausgeführt – der Einstieg für ein Projekt sein.

Im **Unterrichtsgegenstand Bildnerische Erziehung** wird die Geschichte des Minotauros erzählt bzw. von der Kassette gehört, da in der Goldmann-Ausgabe zwar die Tötung des Minotauros durch Theseus (S. 95–97) enthalten ist, jedoch der Bau des Labyrinths (S. 35) und die Vorgeschichte über König Minos' Schwur (S. 76) nur kurz erwähnt, nicht aber zusammenhängend erzählt wird. Zum Nachlesen für den Lehrer/die Lehrerin ist der Text der ungekürzten Ausgabe der „schönsten Sagen des klassischen Altertums" auf S. 27f. abgedruckt. Im Anschluss daran dürfen die SchülerInnen kreativ tätig sein und den Minotauros oder eine Szene aus dem Kampf um Troja zeichnen. Auch das Modellieren des Minotauros aus Ton wäre eine Möglichkeit, zumal im Zusammenhang damit (entweder in BE oder auch in GSK) besprochen werden könnte, wie die Griechen Statuen aus Bronze herstellten.

Der Unterrichtsgegenstand **Geschichte und Sozialkunde** übernimmt es, die historischen Bezüge zu den Sagen durch Informationen über Mykene, Heinrich Schliemann, die minoische Kultur, die Götterverehrung und das Werden der griechischen Staatenwelt herzustellen.

Diese Vernetzung könnte sicherlich auch in einem **Projekt** ihren Niederschlag finden. So könnten im Weiteren Theatermasken und Gewänder im BE- bzw. Werkunterricht entstehen und ein kleines „griechisches" Drama zu einer der gelesenen Sagen im Deutschunterricht erarbeitet werden. Ein Schulfest, für das ein griechisches Buffet vorbereitet wird und bei dem es auch Interviews mit einigen Gestalten der griechischen Mythologie geben könnte, wäre ein würdiger Rahmen für die Aufführung.

Auf den Arbeitsplänen verwendete Zeichen

AB	Arbeitsblatt
IB	Informationsblatt
SK	Selbstkontrolle
LK	Lehrerkontrolle
👤	Einzelarbeit
👥	Partnerarbeit
👥👥	Gruppenarbeit (Schülerzahl entsprechend den Strichmännchen)
✎	Einsetzen/Ausfüllen
📝	Schreiben auf ein Arbeitsblatt/ins Heft
🗣	Sprechen
🎧	Hören (Kassette, Walkman)
!	Pflichtübung
✶	Wahlübung
1!	Pflichtübung, die vor der Pflichtübung mit der nächsthöheren Ziffer (2) ausgeführt werden muss

Hinweise zu „Griechische Frühzeit 1"

Die drei fächerübergreifenden Arbeitspläne

Für die fächerübergreifende Lerneinheit zum Thema „griechische Frühzeit" müssen die beteiligten Unterrichtsfächer nicht unbedingt zusammengezogen werden, es kann auch in den einzelnen Fächern getrennt gearbeitet werden.

Ich habe den Stoff thematisch in drei Abschnitte gegliedert, um für die SchülerInnen leicht überschaubare Einheiten zu schaffen (die drei Arbeitspläne). Es ist sinnvoll, den SchülerInnen vorzugeben, in wie vielen Unterrichtsstunden sie den jeweiligen Abschnitt erledigen müssen. Wird nach Unterrichtsfächern getrennt gearbeitet, so wird der Lehrer/die Lehrerin des entsprechenden Gegenstands die benötigte Zeit abschätzen. Werden die Stunden zusammengezogen, wird man ohnehin Absprache halten. Ein Zeitrahmen von insgesamt zwei bis zweieinhalb Wochen (16–22 Stunden) wird für die drei Arbeitspläne je nach Vertrautheit der SchülerInnen mit der Methode und je nach Heterogenität der Klasse, was das Arbeitstempo betrifft, erforderlich sein.

◆ Pflicht- und Wahlübungen:
Pflichtübungen sind, wie ihr Name schon sagt, Pflicht. Bei Wahlübungen ist es sinnvoll, eine Mindestanzahl vorzugeben. Bleibt den SchülerInnen genug Zeit, machen sie meist von sich aus mehr!
◆ **Arbeitsblätter** werden in dem dafür vorgesehenen Schnellhefter des jeweiligen Faches entsprechend der auf ihnen angegebenen Reihenfolge bzw. der auf dem Arbeitsplan vorgegebenen Reihenfolge eingeordnet.

Durch das Erarbeiten des Lehrstoffes mittels Arbeitsblättern wird das Prinzip von Selbsttätigkeit, selbstständigem Denken und einem dem individuellen Tempo angepassten Arbeiten verfolgt. Durch die Selbstkontrolle mittels Kontrollblatt wird Verantwortung übernommen. Beim Arbeiten an den Arbeitsblättern ist Partnerarbeit vorgesehen, es sind aber durchaus auch Dreiergruppen zulässig. Helfen, beraten, eine Lösungsmöglichkeit gemeinsam erörtern sind so ganz selbstverständliche Mechanismen beim Wissenserwerb.

Hinweise zum Arbeitsplan „Griechische Frühzeit 1" (GSK, D, BE)

Vorbereitungen

◆ Der **Arbeitsplan** (Seite 12) sowie die **Arbeitsblätter** von Seite 13, 15, 16 und 17 werden für jeden/jede SchülerIn kopiert, eine zusätzliche Kopie benötigt man für das Lösungsblatt.
◆ Für jedes Arbeitsblatt wird ein **Lösungsblatt** ausgefüllt und auf farbiges Papier kopiert. Je nach Klassenstärke sollten von jedem Lösungsblatt zwischen fünf und acht Stück aufliegen. Für konventionelleren Unterricht (oder die Einführungsphase in offenen Unterricht) sind OH-Transparente zum Vergleichen der Lösungen zu empfehlen. (Lösungen ab Seite 109!)
◆ Ideal ist es, wenn für Arbeits- und Lösungsblätter Hängeordner zur Verfügung stehen. Sie erleichtern SchülerInnen wie LehrerInnen das geordnete Arbeiten sehr!
◆ Die **Quizkärtchen** (Seite 19 bis 24) müssen zweiseitig kopiert werden. Achtung auf richtige Vorder- und Rückseite! Die einzelnen Blätter dieses Buches entsprechen den Kopien.

◆ Die **Kassetten** müssen besprochen werden (je nach Schüleranzahl 2 bis 5):
– Odyssee: Gustav Schwab, Die schönsten Sagen des klassischen Altertums, S. 158–189
– Leben Heinrich Schliemanns: Piero Ventura, Kampf um Troja, Artemis-Verlag, S. 8–27 (oder ein beliebiger anderer Text zum Leben Schliemanns)
◆ **Walkmen** je nach Anzahl der Kassetten organisieren

Material, das die Schüler benötigen

◆ **D**: Schwab, Die schönsten Sagen des klassischen Altertums (auf den Arbeitsplänen kurz „Schwab: Sagen")
◆ **GSK**: GWK-Unterstufenatlas
◆ **BE**: Je nach Technik – Wasserfarben, Pinsel oder Ölkreiden oder Filzstifte oder Buntstifte, Zeichenblätter; falls modelliert werden soll: Ton

Arbeitsplan: Griechische Frühzeit 1

Pflicht / Wahl Sozialform	Fach	Material	Thema	Arbeitsaufgabe	Kontrolle	begonnen/ erledigt
1. ! HÜ 👤	GSK / D	Schwab: Sagen, S. 125–158	Der trojanische Krieg	◆ Lies den „Trojanischen Krieg"!		
2. ! 👥✏	GSK /D	AB Griechische Sagen 1	Der trojanische Krieg	◆ siehe Arbeitsblatt	SK	
✴ 👤✏	GSK /D	AB Griechische Sagen 1A	Der trojanische Krieg – für Spezialisten	◆ siehe Arbeitsblatt	SK	
✴ 👤	BE	Zeichenstifte, Zeichenblatt	Kampf um Troja	◆ Zeichne eine Szene aus dem Kampf um Troja!	LK	
! 👥👥✏	GSK	AB Griechenland 1, IB „Mykene"	Mykene	◆ siehe Arbeitsblatt	SK	
✴ 👤🎧	GSK /D	Kassette, Walkman (Piero Ventura, Kampf um Troja, Artemis Verlag, S. 8–27)	Heinrich Schliemann	◆ Hör dir die Geschichte des Entdeckers der versunkenen Welt von Troja an! ◆ Fasse Heinrich Schliemanns Leben kurz zusammen!	SK	
1. ! 👤🎧	GSK /D	Kass., Walkman oder Schwab, Sagen, S. 158–189	Odyssee	◆ Hör dir die Irrfahrten des Odysseus an oder lies sie!		
2. ! 🂠 👥👥	GSK /D	Quizkärtchen „Odysseus"	Odyssee	◆ Such dir einen (zwei) Partner! Legt die Kärtchen auf einen Stapel, Frageseite nach oben! ◆ Der Erste hebt ein Kärtchen ab, liest die Frage vor und verdeckt dabei die Antwort auf der Rückseite. ◆ Kann der nächste Spieler die Frage richtig beantworten, erhält er das Kärtchen, sonst wird es unter den Stapel gesteckt. ◆ Gewonnen hat, wer die meisten Kärtchen hat!	SK	
✴ 👤✏	GSK /D	Stift, Papier	Odysseus und Polyphem	◆ Was ist ein Zyklop (Kyklop)? Was sind Zyklopenmauern? ◆ Wo gibt es sie?	LK	

Der trojanische Krieg

1. Wer gründete Troja?

2. Nach wem wurde die Stadt benannt?

3. Welches Schicksal widerfuhr Paris nach seiner Geburt? Warum?

4. Wieso kehrt Paris zu seinen Eltern heim?

5. Welche Aufgabe, die zu Trojas Untergang führen sollte, erteilt Zeus Paris?

6. Wieso hatten Hera, Athene und Aphrodite Streit?

7. Was versprechen die Göttinnen Paris für den Apfel?

8. Für welche Göttin entscheidet sich Paris?

9. Wie kommt es zum Ausbruch des Krieges der Griechen gegen Troja?

Griechische Sagen 1

10. Nenne fünf griechische Helden!

11. Nenne zwei Götter, die auf der Seite der Trojaner stehen!

12. Nenne zwei Götter, die auf der Seite der Griechen stehen!

13. Warum können die Griechen den Sieg über die Trojaner zunächst nicht erringen?

14. Wie gehen Griechen und Trojaner mit ihren toten Helden um?

15. Wie stirbt Hektor?

16. Wieso wird Achilleus tödlich verwundet?

17. Wie kommt es schließlich zum Fall der von Göttern erbauten Stadt Troja?

18. Welche Trojaner überleben den Krieg?

Der trojanische Krieg – für Spezialisten

(1) Erbauer der Burg von Troja
(2) Göttin der Zwietracht
(3) Name der Burg von Troja
(4) Er versuchte sich wahnsinnig zu stellen, um nicht am Krieg gegen Troja teilnehmen zu müssen
(5) Götterspeise
(6) Göttertrank
(7) Gatte der Helena
(8) Achilleus' verletzbare Stelle
(9) Bruder des Menelaos
(10) Gattin von Menelaos' Bruder
(11) Er schmiedet Achilleus' neue Rüstung
(12) Das verspricht Zeus den Griechen
(13) Freund des Achilleus
(14) Thetis ist Achilleus' …
(15) Held der Trojaner

Die Burganlage von Mykene

Im 2. Jahrtausend vor unserer Zeitrechnung kamen zwei indoeuropäische Stämme, die Ionier und die Achäer, von Norden her nach Griechenland. Sehr wahrscheinlich waren sie auf der Flucht. Sie siedelten sich in Thessalien und am Peloponnes an. Als neue Herrscher gingen sie daran, mächtige Burganlagen zu bauen, wo sie mit ihren Mannen lebten, während die Unterworfenen das umliegende Land bebauen mussten. Die mächtigste Anlage war die von Mykene, der Sitz Agamemnons, der von dort zum Kampf um Troja auszog.

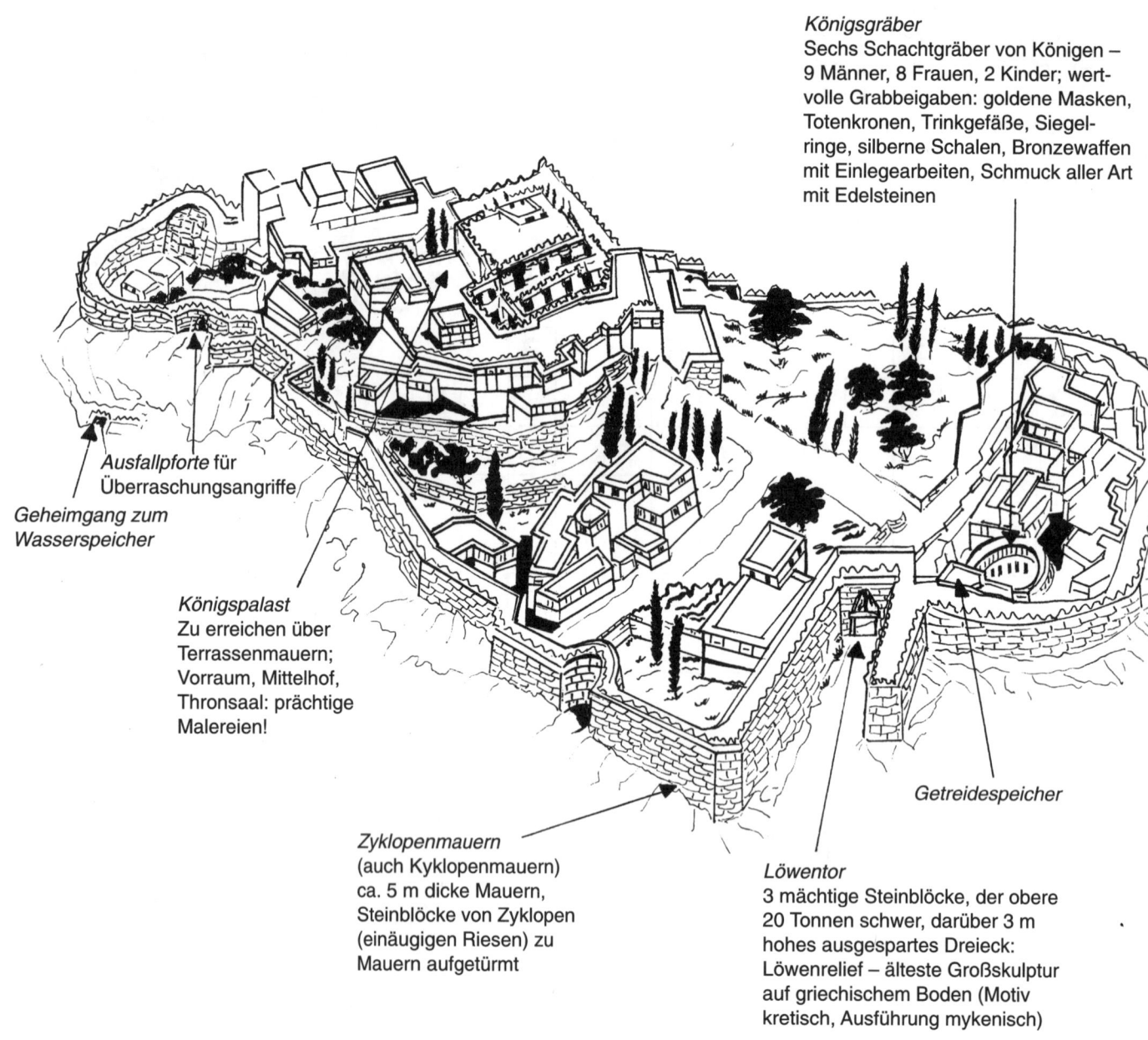

Königsgräber
Sechs Schachtgräber von Königen – 9 Männer, 8 Frauen, 2 Kinder; wertvolle Grabbeigaben: goldene Masken, Totenkronen, Trinkgefäße, Siegelringe, silberne Schalen, Bronzewaffen mit Einlegearbeiten, Schmuck aller Art mit Edelsteinen

Ausfallpforte für Überraschungsangriffe

Geheimgang zum Wasserspeicher

Königspalast
Zu erreichen über Terrassenmauern; Vorraum, Mittelhof, Thronsaal: prächtige Malereien!

Zyklopenmauern
(auch Kyklopenmauern) ca. 5 m dicke Mauern, Steinblöcke von Zyklopen (einäugigen Riesen) zu Mauern aufgetürmt

Getreidespeicher

Löwentor
3 mächtige Steinblöcke, der obere 20 Tonnen schwer, darüber 3 m hohes ausgespartes Dreieck: Löwenrelief – älteste Großskulptur auf griechischem Boden (Motiv kretisch, Ausführung mykenisch)

Griechenland 1

Die Frühzeit der griechischen Geschichte

1. Schildere die geografische Lage Griechenlands und seine landschaftliche Gestaltung! Was wird angebaut? *Verwende dazu den Geografieatlas!*

2. Du bist Reiseführer! Mach eine Führung durch die Burganlage von Mykene!
Verwende dazu das Informationsblatt „Mykene"!

3. Wovon berichtet das Heldenepos „Ilias", das sich um den damaligen mykenischen König Agamemnon rankt? *Lies Schwab S. 125–158 und schreib die Inhaltsangabe hierher!*

VERITAS-Kopiervorlage

Griechenland 1

4. Der historische Kern der „Ilias"

Der griechische Dichter Homer lebte vermutlich im 8. Jahrhundert vor Chr. Sein Epos „Ilias" hat seinen Namen vom Ort der Handlung: der Stadt Troja (alter Name: Ilion). Die Kämpfe um Troja, die Homer schildert, sind die Erinnerungen an vergangene Kämpfe um diese Stadt: Wahrscheinlich waren es die Mykener, die um 1225 v. Chr. Troja zerstörten. Die Mykener selbst wurden wenige Jahre später von so genannten Seevölkern überrannt, die aus dem östlichen Mittelmeerraum kamen.

5. Was geschah nach der Zeit der „Ilias"?

Über die Zeit zwischen 1200 und 800 v. Chr. wissen wir wenig. Sicher ist, dass in dieser Zeit die kleinasiatische Küste (heutige Türkei) besiedelt wurde, da Teile der Bevölkerung den dorischen Zuwanderern auswichen. Weil auf dem Festland die Bevölkerung ständig wuchs, kam es zwischen 750 und 540 v. Chr. zu einer zweiten Auswanderungswelle.

Die Karte zeigt einige der griechischen Kolonien, die zwischen 750 und 540 v. Chr. gegründet wurden. *Finde heraus, wie die auf der Karte bezeichneten Städte heute heißen!*

griech. Kolonien	heutiger Name	Großstadt ja/nein
1 Syrakusai		
2 Massalia		
3 Nikaia		
4 Monoikos		
5 Neapolis		
6 Kroton		
7 Rhegion		
8 Milet		
9 Byzantion		
10 Tomis		

Quizkärtchen Odysseus 1 Vorderseite

Odysseus

Der König welchen Landes ist Odysseus?

Odysseus

Auf der Insel Ogygia wird Odysseus von der Nymphe Kalypso festgehalten. Weshalb?

Odysseus

Wie heißen Odysseus' Gattin und Sohn?

Odysseus

Welche Gottheit tröstet Telemachos, der verzweifelt zusieht, wie die Freier seiner Mutter das Gut des Vaters verprassen?

Odysseus

Wie ergeht es Penelope während der Irrfahrten ihres Gatten?

Odysseus

Mit welcher List zögert Penelope die Hochzeit mit einem der 108 Freier ständig hinaus?

Odysseus

Was unternimmt Telemachos auf Rat der ihm zur Seite stehenden Göttin, um seiner Mutter zu helfen?

Odysseus

Wem erzählt Odysseus die Geschichte seiner Irrfahrten? Warum?

Odysseus

Welcher Gefahr erliegen zwei Männer aus Odysseus' Mannschaft bei den Lotophagen?

Odysseus

Was ist ein Zyklop (Kyklop)?

Odysseus

Wie entkommen Odysseus und seine Gefährten aus der Höhle des Zyklopen?

Odysseus

Durch welche List des Odysseus kommen die anderen Zyklopen Polyphemos nicht zu Hilfe?

Quizkärtchen Odysseus 1 Rückseite

Kalypso begehrt Odysseus als Mann und gibt ihn erst auf Befehl der Himmlischen frei.	Odysseus ist König von Ithaka.
Athene tröstet Telemachos in der Gestalt des Königs Mentes.	Odysseus' Gattin heißt Penelope, sein Sohn Telemachos.
Sie will erst heiraten, wenn sie das Totenkleid ihres Vaters fertig gewebt hat. Doch nachts trennt sie auf, was sie tagsüber gewebt hat.	Penelope wird von 108 Freiern aus Ithaka und den benachbarten Inseln bedrängt, sie zu heiraten.
Odysseus erzählt die Geschichte seiner Irrfahrten dem phaiakischen König Alkinoos, der ihn beherbergt und beschenkt, ohne zu wissen, wen er vor sich hat.	Telemachos fordert die Freier seiner Mutter auf, nach Hause zu gehen, und das Volk, gegen sie einzuschreiten. Er fährt nach Pylos zu Nestor und nach Sparta zu Menelaos, um zu erfahren, ob Odysseus noch lebt.
Ein Zyklop ist ein einäugiger Riese.	Sie essen Lotosfrüchte und wollen daher von Heimkehr nichts mehr wissen.
Odysseus macht dem Zyklopen weis, er heiße Niemand. Daher ruft der geblendete Polyphemos den herbeigeeilten Zyklopen vor seiner Höhle zu, dass Niemand ihn umbringe, worauf diese weggehen, ohne ihm zu Hilfe zu kommen.	Erst blenden sie Polyphemos mit einem Pfahl. Am nächsten Morgen binden sie mehrere Widder zusammen und klammern sich am Bauch des mittleren Tieres fest, damit der Zyklop sie nicht ertasten kann.

Quizkärtchen Odysseus 2 Vorderseite

Odysseus	Odysseus
Welches Ereignis verhindert, dass Odysseus durch das Geschenk Aiolos', des Vaters der Winde, rasch nach Ithaka gelangt?	Wer vernichtet elf der zwölf Schiffe des Odysseus?
Odysseus	**Odysseus**
Mit wessen Hilfe entgeht Odysseus der Zauberkraft Kirkes?	Was widerfährt Odysseus' Männern auf der Insel der Zauberin Kirke?
Odysseus	**Odysseus**
Was rät Kirke Odysseus zum Abschied?	Was weissagt der Seher Teiresias Odysseus bei seinem Besuch in der Unterwelt?
Odysseus	**Odysseus**
Wem begegnet Odysseus in der Unterwelt? Was erfährt er über seine Familie?	Wie entgeht Odysseus dem betörenden Gesang der Sirenen?
Odysseus	**Odysseus**
Was sind Skylla und Charybdis?	Was geschieht auf der Insel Thrinakia, wo die Rinder des Sonnengottes weiden?
Odysseus	**Odysseus**
Wie lange muss Odysseus, nachdem er ein zweites Mal Skylla und Charybdis entronnen ist, bei der Nymphe Kalypso bleiben?	Wie gelangt Odysseus zu guter Letzt doch noch nach Ithaka?

VERITAS-Kopiervorlage

Quizkärtchen Odysseus 2 Rückseite

Die Laistrygonen, riesengroße Menschenfresser, werfen mächtige Felsen nach den Schiffen, mit denen Odysseus' flüchtende Mannschaft zu entkommen sucht.	Als Odysseus vor Müdigkeit einschläft, öffnen neidische Gesellen den Schlauch voller Stürme, da sie darin Schätze vermuten, und die Stürme werfen die Schiffe auf die Insel des Aiolos zurück.
Kirke bewirtet sie mit auserlesenen Speisen, mischt jedoch einen Zaubertrank in den Wein und verwandelt sie in Schweine.	Hermes gibt Odysseus ein Zauberkraut, das ihn gegen Kirkes Macht schützt. (Daraufhin gewährt sie ihm und den zurückverwandelten Männern ein Jahr Gastfreundschaft.)
Teiresias weissagt Odysseus, dass er einsam, elend und auf einem fremden Schiff heimkehren und in seinem Haus die sein Gut verprassenden Freier vernichten werde. Bei Völkern, die Poseidon noch nicht kennen, soll er dem Gott opfern, um Verzeihung zu erlangen. So wird er in Frieden alt werden.	Kirke rät Odysseus, das Schattenreich zu besuchen, um den Seher Teiresias über seine Zukunft zu befragen.
Odysseus lässt sich von seinen Männern, denen er die Ohren mit Wachs verklebt hat, an den Mast binden.	Odysseus begegnet den Helden von Troja und seiner Mutter, die sich aus Gram getötet hat. Er erfährt, dass sein Vater als Bettler lebt, und von Penelopes und Telemachos' Nöten.
Odysseus' Schiff muss wegen der von Zeus gesandten Stürme einen Monat in einer Bucht der Insel vor Anker liegen. Als ihnen der Speisevorrat ausgeht, töten die Männer gegen den von ihnen geleisteten Schwur die schönsten Rinder des Helios. (Danach kommen alle außer Odysseus durch einen von Zeus geschickten Orkan im Meer um.)	Charybdis ist ein Strudel, der jedes Schiff verschlingt, ihm gegenüber droht den Schiffen Skylla, ein sechsköpfiges Ungeheuer, das wie ein Hund bellt und sechs von Odysseus' Männern auffrisst.
Alkinoos, der König der Phaiaken, stattet Odysseus mit einem Schiff und herrlichen Geschenken aus.	Odysseus wird neun Jahre von Kalypso festgehalten.

VERITAS-Kopiervorlage

Quizkärtchen Odysseus 3 Vorderseite

Odysseus

In welche Gestalt verwandelt Athene den nach Ithaka heimgekehrten Odysseus?

Odysseus

Welches Zeichen erhält Telemachos am Hofe des Menelaos davon, dass sein Vater Odysseus bald dem Treiben der Freier ein Ende setzen wird?

Odysseus

Wo begegnet Odysseus seinem Sohn Telemachos nach seiner Heimkehr nach Ithaka?

Odysseus

Welche Aufgabe stellt Penelope den Freiern, um durch einen Wettkampf zu entscheiden, wer ihr Gemahl werden soll?

Odysseus

Welchen Traum lässt sich Penelope von dem vermeintlichen Bettler deuten?

Odysseus

Welchen Verbündeten an seinem Hofe trägt Odysseus auf, ihm den Bogen zu reichen, wenn er ihn verlangt, und ein Seil ums Schloss zu spannen?

Odysseus

Woran erkennt Penelope ihren Mann?

Odysseus

Nach wie vielen Jahren der Trübsal kehrt Odysseus endlich heim?

Odysseus

An welchem Merkmal erkennt Laertes seinen Sohn Odysseus?

Odysseus

Wie endet der Aufstand der edlen Familien, aus denen die Freier Penelopes stammten, nachdem Odysseus die Freier getötet hat?

Odysseus

Weshalb zürnt Poseidon Odysseus?

Odysseus

Wie entgeht Telemachos dem auf ihn geplanten Anschlag der Freier, die ihm zwischen Ithaka und Samos auflauern?

Ein Adler stößt auf eine zahme Gans im Hof des Palastes von Menelaos nieder und schleppt sie davon. Wie der Adler wird Odysseus über die Freier herfallen, weissagt Helena.

Athene verwandelt Odysseus in einen elenden, in Lumpen gehüllten Greis.

Wer einen Pfeil durch die Ösen von zwölf hintereinander aufgestellten Äxten ohne Stiel schießen kann, wie Odysseus es konnte, der soll sie zur Frau bekommen.

Bei dem Sauhirten Eumaios, der Odysseus treu ist, treffen Vater und Sohn einander.

Der Sauhirt Eumaios soll ihm den Bogen reichen und der Rinderhirt Philoitios das Seil um das Schloss binden und die Hoftür verrammeln.

Penelope träumte, ein Adler sei in den Hof geflogen und habe zwanzig Gänse getötet, die sie dort hegt.

Im zwanzigsten Jahr kehrt Odysseus nach viel Trübsal endlich heim.

Nur Odysseus kennt außer ihr das Geheimnis des Ölbaumes, dem er selbst die Krone abhieb und den Stamm glättete und der immer noch als Bettpfosten im Schlafgemach des Königspaares steht.

Athene und Zeus gebieten dem Morden Einhalt. Auf dem Marktplatz von Ithaka schließt Odysseus mit den Häuptern von Ithaka und den Fürsten der umliegenden Inseln ewigen Frieden.

Laertes erkennt seinen Sohn an einer Narbe über dem Knie, die ihm in früher Jugend ein Eber auf der Jagd gerissen hat.

Athene erscheint Telemachos am Hofe des Menelaos und rät ihm, in der Nacht heimzufahren, da ihm zwischen Ithaka und Samos die Freier auflauern.

Poseidon zürnt Odysseus, weil er seinen Sohn, den Zyklopen Polyphemos, geblendet hat.

Hinweise zu den Plänen „Griechische Frühzeit 2 und 3" (GSK, D, BE)

Vorbereitungen

◆ Die Sage vom Minotauros (S. 27f.) auf **Kassette** sprechen; Kassetten kopieren, Walkmen in entsprechender Anzahl organisieren
◆ **Arbeitspläne** und **Arbeitsblätter** kopieren und **Lösungsblätter** herstellen
◆ **Rote Folien,** 3 bis 5 wasserlösliche OH-Stifte und einen neonrosa Stift besorgen
◆ **Folientexte** (Seite 54 und 56) kopieren und in Neonrosa ausfüllen
◆ Das **Quartett**, das **Heraklesspiel** sowie die zugehörigen Spielanleitungen, das **Puzzle** und die **Laufdiktate** werden am besten auf farbiges Papier kopiert, zerschnitten und foliert. Pro Spiel sind zwei Ausgaben völlig ausreichend, bei Geldmangel kommt man auch mit einem Exemplar zu Rande.

Das Laufdiktat verwende ich für jene Texte, die als „Merkstoff" die wesentlichsten Inhalte des Lehrstoffes knapp zusammengefasst wiedergeben. Die SchülerInnen sollten dieses Grundwissen auswendig können: Der erste Schritt des genauen Einprägens wird mit dem Laufdiktat gesetzt.

Anweisung für die SchülerInnen:
◆ Lauf (vorsichtig!) zum Text an der Wand und lies den ersten Satz!
◆ Lauf zu deinem Sitzplatz zurück und schreib ihn nieder!
◆ Mach so weiter, bis du den ganzen Text niedergeschrieben hast!
◆ Vergleiche nun deinen Text mit dem an der Wand!

Die Spiele zielen auf Spaß und Lust am Lernen ab. Dass bei den Quartetten Wissen erworben und gefestigt sowie über Sehen, Hören und Tun spielerisch und spielend gelernt wird, müsste auch für jeden Spielen gegenüber Skeptischen bald feststellbar sein. „Die zwölf Arbeiten des Herakles" bieten den SchülerInnen auch Gelegenheit, sich im Nacherzählen bzw. im inhaltlichen Zusammenfassen zu üben – dass dabei viel mehr Übungsmöglichkeiten bestehen als in einem lehrerzentrierten Unterricht, ist offensichtlich.

Rote Folien sind ein für offenes Lernen sehr beliebtes Material. Der Lückentext wird vom Lehrer/von der Lehrerin zuvor auf einem Arbeitsblatt mit neonrosa Farbe, die durch eine rote Folie unsichtbar bleibt, ergänzt. Dann wird dieses Blatt in die Folie gelegt. Die SchülerInnen schreiben ihre Lösungen mit wasserlöslichem Stift auf die Folie, nehmen dann das Blatt heraus und vergleichen ihr Ergebnis mit der Lösung. Anschließend säubern sie die Folie wieder mit einem feuchten Taschentuch.

Material, das die Schüler benötigen

◆ D: Schwab, Die schönsten Sagen des klassischen Altertums
◆ BE: Je nach Technik – Wasserfarben, Pinsel etc. oder Ölkreiden oder Filzstifte oder Buntstifte, Zeichenblätter

Arbeitsplan: Griechische Frühzeit 2

Pflicht / Wahl Sozialform	Fach	Material	Thema	Arbeitsaufgabe	Kontrolle	begonnen/ erledigt
! 👤🎧	GSK/D/BE	Kassette, Walkman	Sage vom Minotauros	◆ Hör dir die Sage vom Minotauros an!		
! 👤	BE	Zeichenstifte, Zeichenblatt	Minotauros	◆ Zeichne den Minotauros im Labyrinth!	LK	
! 👥	GSK	AB Griechenland 2, Schwab	Kreta	◆ siehe Arbeitsblatt	SK	
✱ 👤	GSK/D/BE	Labyrinth	Theseus und Minotauros	◆ Finde Theseus' Weg aus dem Labyrinth!	SK	
! 👤	GSK	Laufdiktat 1	Das Werden der griechischen Staatenwelt	◆ Schreib den Text des Laufdiktats ins Merkstoffheft!	SK	
1.! 👥	GSK /D	AB Griechenland 3 (Schwab, S. 12–15)	Götterwelt der Griechen	◆ Lies die „Götterwelt der Griechen"! ◆ siehe Arbeitsblatt Tipp: Benutze auch das Namensverzeichnis auf den letzten fünf Seiten in den „schönsten Sagen des klassischen Altertums".	SK	
2.! 👥	GSK	AB Griechenland 4	Götterverehrung, Orakel	◆ siehe Arbeitsblatt	SK	
✱ 👥	GSK	Puzzle	Weihestätte von Delphi	◆ Willst du wissen, wie die Weihestätte von Delphi heute aussieht?	SK	
✱ 👥👥	GSK /D	Götterquartett	Götterwelt der Griechen	◆ Lest die Spielanleitung! ◆ Wer gewinnt?	SK	

Der Minotauros

Der Stier von Kreta

Der König Minos von Kreta hatte dem Gott Poseidon versprochen, ihm dasjenige zu opfern, was zuerst aus dem Meer auftauchen würde. Denn Minos hatte behauptet, dass er kein Tier besitze, das für ein so hohes Opfer würdig sei. Darum ließ der Gott einen ausnehmend schönen Stier aus dem Meer aufsteigen; den König aber verleitete die herrliche Gestalt des Tieres, den Stier heimlich unter seine Herden zu stecken und dem Poseidon einen anderen als Opfer darzubringen. Zur Strafe hatte der Meeresgott den von ihm geschickten Stier rasend werden lassen und dieser richtete nun auf der Insel Kreta große Verwüstungen an. Eurystheus trug dem Herakles als siebente Aufgabe auf, diesen Stier zu bändigen und zu ihm zu bringen. Als er nach Kreta und vor Minos kam, war dieser nicht wenig erfreut über die Aussicht, den Schädling der Insel loszuwerden, ja er half ihm selbst das wütende Tier einfangen und die Heldenkraft des Herakles bändigte den rasenden Stier so gründlich, dass er sich von ihm wie von einem Schiff über die See nach dem Peloponnes tragen ließ. Mit dieser Arbeit war Eurystheus zufrieden, ließ jedoch das Tier, nachdem er es eine kurze Zeit mit Wohlgefallen betrachtet, sofort wieder frei. Als der Stier nicht mehr im Banne des Herakles war, kehrte seine alte Raserei zurück, er durchirrte ganz Lakonien und Arkadien, streifte über den Isthmus nach Marathon in Attika und verheerte hier das Land wie früher auf der Insel Kreta. Erst dem Theseus gelang es später, Herr über ihn zu werden.

Die kretische Königin Pasiphae, heißt es, verliebte sich in einen von Poseidon auf die Insel gesandten Stier.[1] Aus der Verbindung der Königin mit diesem Stier ging der Minotauros hervor. Der Minotauros war ein Ungeheuer von abscheulicher Abkunft, ein Doppelwesen, das vom Kopf bis an die Schultern die Gestalt eines Stieres hatte, im übrigen aber einem Menschen glich. Daidalos, der kunstreichste Mann seiner Zeit, Baumeister und Bildhauer, wurde von König Minos ausersehen, dem Minotauros eine Stätte zu schaffen, wo das Ungetüm den Augen der Menschen ganz entrückt würde. Der erfinderische Geist des Daidalos erfand zu diesem Zweck das Labyrinth, ein Gebäude voll gewundener Krümmungen, die Augen und Füße des Besuchers in die Irre führten. Die unzähligen Gänge schlangen sich ineinander wie der verworrene Lauf des geschlängelten phrygischen Flusses Mäander, der bald vorwärts, bald rückwärts fließt und oft seinen eigenen Wellen entgegenkommt. Als der Bau vollendet war und Daidalos ihn prüfte, fand der Erfinder selbst nur mit Mühe zur Schwelle zurück, ein so trügerisches Irrsal hatte er gegründet. Im Innersten dieses Labyrinths wurde der Minotauros gehegt und als Speise bekam er sieben Jünglinge und sieben Jungfrauen, die alle neun Jahre auf Grund einer alten Verpflichtung die Stadt Athen dem Könige Kretas zusenden musste.

Damit verhielt es sich so: Der Sohn des Minos, Androgeos, war, wie die Sage ging, im attischen Gebirge durch Hinterlist getötet worden. Dafür hatte sein Vater die Einwohner mit einem vernichtenden Krieg heimgesucht und die Götter selbst hatten das Land durch Dürre und Seuchen verwüstet. Da tat das Orakel Apollons den Spruch, der Zorn der Götter und die Leiden der Athener würden aufhören, wenn sie den Minos besänftigen und seine Verzeihung erlangen könnten. Hierauf hatten sich die Athener mit Bitten an ihn gewendet und Frieden erhalten unter der Bedingung, dass sie alle neun Jahre sieben Jünglinge und sieben Jungfrauen als Tribut nach Kreta zu schicken hätten. Diese sollen nun von Minos in sein berühmtes Labyrinth eingeschlossen worden sein und dort habe sie der grässliche Minotauros, halb Mensch und halb Stier, getötet oder auf andere Weise umkommen lassen.

Als nun die Zeit des dritten Tributes kam und die unverheirateten Söhne und Töchter sich dem entsetzlichen Lose unterwerfen sollten, begannen die Bürger von neuem zu murren (…). Den Theseus schmerzten diese Klagen. Er stand in der Volksversammlung auf und erklärte, sich selbst ohne Los zu stellen. Alles Volk bewunderte seinen Edelmut und aufopfernden Bürgersinn; auch blieb sein Entschluss unerschütterlich fest, obgleich sein Vater Aigeus ihn mit den dringendsten Bitten bestürmte. Seinen Vater beruhigte er durch die feste Versicherung, dass er mit den ausgelosten Jünglingen und Jungfrauen nicht ins Verderben gehen, sondern den Minotauros bezwingen wolle. Bisher war das Schiff, das die unglücklichen Opfer nach Kreta hinüberführte, zum Zeichen ihrer Rettungslosigkeit mit schwarzem Segel abgesendet worden. Jetzt aber, als Aigeus seinen Sohn mit so kühnem Stolze sprechen hörte, gab er dem Steuermann ein anderes Segel von weißer Farbe mit und befahl ihm, es aufzuziehen, wenn Theseus gerettet zurückkehre. Andernfalls solle das schwarze das Unglück im Voraus ankündigen.

Als nun das Los gezogen war, führte der junge Theseus die Knaben und Mädchen, die es getroffen hatte, zuerst in den Tempel des Apollon und brachte dem Gott in ihrem Namen den mit weißer Wolle umwundenen Ölzweig, das Weihgeschenk der Schutzflehenden, dar. Dann zog er, von allem Volk begleitet, mit den auserlesenen Jünglingen und Jungfrauen ans

---

1) Wahrscheinlich ist der von Herakles gebändigte Stier gemeint.

Hörtext

Meeresufer hinab und bestieg das Trauerschiff. Das Orakel zu Delphi hatte ihm geraten, er solle die Göttin der Liebe zur Führerin wählen. Theseus verstand diesen Spruch nicht, brachte jedoch der Aphrodite ein Opfer dar. Der Erfolg aber gab der Weissagung ihren guten Sinn. Denn als Theseus auf Kreta gelandet und vor dem König Minos erschienen war, zogen seine Schönheit und Heldenjugend die Augen der reizenden Königstochter Ariadne auf sich. Sie gestand ihm ihre Zuneigung und gab ihm einen Fadenknäuel, dessen Ende er am Eingang des Labyrinths festknüpfen und den er in den verwirrenden Irrgängen in der Hand ablaufen lassen sollte, bis er an die Stelle gelangt wäre, wo der Minotauros seine grässliche Wache hielt. Zugleich übergab sie ihm ein gefeites Schwert, mit dem er dieses Ungeheuer töten könnte. Theseus wurde nun mit allen seinen Gefährten von Minos in das Labyrinth geschickt. Er führte seine Genossen, erlegte mit seiner Zauberwaffe den Minotauros und wand sich mit allen, die bei ihm waren, mit Hilfe des abgespulten Zwirnsfadens aus den Höhlengängen des Labyrinths glücklich heraus. Jetzt entfloh Theseus samt allen seinen Gefährten, beglückt durch die Begleitung Ariadnes, die er als lieblichsten Kampfpreis errungen. Auf ihren Rat hatte er auch den Boden der kretischen Schiffe zerhauen und so ihrem Vater die Verfolgung unmöglich gemacht. Schon glaubte er seine holde Beute ganz in Sicherheit und kehrte mit Ariadne sorglos auf der Insel Dia ein, die später Naxos genannt wurde. Da erschien ihm der Gott Bakchos im Traum, erklärte, dass Ariadne seine Braut sei, und drohte ihm alles Unheil, wenn Theseus die Geliebte nicht ihm überlassen würde. Theseus war von seinem Großvater in Götterfurcht erzogen worden; er scheute den Zorn des Gottes, ließ die wehklagende, verzagende Königstochter auf der einsamen Insel zurück und fuhr weiter. In der Nacht erschien Ariadnes rechter Bräutigam, Bakchos, und entführte sie auf den Berg Drios; dort verschwand zuerst der Gott, bald darauf ward auch Ariadne unsichtbar.

Theseus und seine Gefährten waren über den Verlust der Jungfrau sehr niedergeschlagen. In ihrer Traurigkeit vergaßen sie, dass ihr Schiff noch die schwarzen Segel aufgezogen hatte, mit denen es die attische Küste verlassen; sie unterließen es, die weißen Tücher aufzuspannen, und das Schiff flog in seiner schwarzen Trauertracht der Heimatküste entgegen. Aigeus befand sich eben an der Küste, als das Schiff herangesegelt kam, und genoss von einem Felsenvorsprung die Aussicht auf die hohe See. Aus der schwarzen Farbe der Segel schloss er, dass sein Sohn tot sei. Da erhob er sich von dem Felsen und stürzte sich, vor Schmerz des Lebens überdrüssig, in die jähe Tiefe[2]. Indessen war Theseus gelandet, hatte im Hafen die den Göttern gelobten Opfer dargebracht und schickte einen Herold in die Stadt, um die Rettung zu verkünden. Der Bote wusste nicht, was er von dem Empfang denken sollte, der ihm in der Stadt zuteil ward. Während die einen ihn voll Freude willkommen hießen und als den Überbringer froher Botschaft bekränzten, fand er andere in tiefe Trauer versenkt. Endlich löste sich ihm das Rätsel; denn erst allmählich verbreitete sich die Nachricht vom Tode des Königs Aigeus. Der Herold nahm nun zwar die Kränze in Empfang, schmückte aber damit nicht seine Stirn, sondern nur den Heroldstab und kehrte so zum Gestade zurück. Hier fand er den Theseus noch im Tempel bei der Darbringung des Dankopfers; er blieb daher vor der Türe stehen, damit die heilige Handlung nicht durch die Trauernachricht gestört würde. Sobald das Brandopfer ausgegossen war, meldete er des Aigeus Ende. Theseus warf sich, vom Schmerze wie vom Blitz getroffen, zur Erde.

(Aus: Gustav Schwab: Sagen des klassischen Altertums, © Verlag Carl Ueberreuter, Wien)

---

[2] Darum heißt das Meer zwischen Griechenland und Kleinasien seitdem das Ägäische Meer, also das Meer des Ägeus (Aigeus).

Griechenland 2

Die Palastkultur Kretas (Die minoische Kultur)

Die Kreter hatten – im Gegensatz zu den Mykenern – keine Befestigungsanlagen. Als tüchtige Seefahrer beherrschten sie mit einer entsprechenden Kriegsflotte das Mittelmeer.
Die kretischen Schiffe waren die schnellsten und stärksten Schiffe weit und breit. So blieben die Kreter von den Einwanderern am Festland lange Zeit unbehelligt.
Die Handelsbeziehungen Kretas reichten bis nach Ägypten, das die Kultur der Kreter wesentlich beeinflusste. Die minoische Kultur (nach König Minos so genannt) wiederum herrschte einige Zeit bis Mittelgriechenland und zum Peloponnes vor.

1. Woran kannst du hier die Lebensfreude und den Luxus der Kreter erkennen?

2. Statt Befestigungsanlagen bauten die Kreter Paläste.

Der Palast von Knossos hatte fünf Stockwerke mit insgesamt etwa 1500 Räumen. Gebaut worden war dieser Palast der Sage nach für den ...., ein Ungeheuer, das halb Mensch, halb Stier war.

Wundert es dich, dass sich die Menschen hier wie in einem Labyrinth vorkamen?

Griechenland 2

3. Wie lebte dieses Labyrinth von Räumen in der Sage fort?
(Ein kleiner Hinweis: König Minos, der Minotauros und Theseus sind die Hauptfiguren!)

4. Der Stier spielte auf Kreta eine wichtige Rolle. Schreib auf, wie König Minos den griechischen Sagen nach zu einem Stier kam, der viel Unheil anrichtete!
(Eine kleine Hilfe: Herakles zähmt den Stier!)

Der Tod des Minotauros bedeutete in der Sage das Ende von König Minos und seinem Reich. Der Palast von Knossos wurde zerstört, Minos' Schiffe vernichtet. –
In dieser Sage spiegelt sich der Untergang der minoischen Kultur: Um 1400 v. Chr. zerstörten mykenische Seefahrer die Paläste. Auch eine Naturkatastrophe (Flutwelle nach einem Vulkanausbruch auf Thera) könnte eine Rolle gespielt haben.

Theseus und das Labyrinth des Minotauros

In den Gängen des Labyrinths verliert Theseus beinah die Orientierung.
Dann versperrt ihm das tote Ungeheuer auch noch den Weg zurück.
Zeig Theseus, wie er den Minotauros findet und auf welchem Weg er aus
dem Labyrinth wieder herauskommt!

Laufdiktat Griechenland 1

Das Werden der griechischen Staatenwelt und ihre Bedrohung

Griechenland war in der Antike kein einheitlicher Staat, denn es ist ein Land mit vielen kleinen Teillandschaften – Tälern und Ebenen, die zwischen den Gebirgszügen eingebettet sind.

Die ersten griechischen Einwanderer, die Achäer, bauten Burgen und regierten von ihnen aus die Bauern der Umgebung. So gab es im 2. Jahrtausend v. Chr. zahlreiche Kleinkönigreiche. Das berühmteste lag in Mykene.

Der König war Anführer im Kampf, Priester und oberster Richter. Die besonders tüchtigen Krieger erhielten Landbesitz. So entstand eine Schicht von Adeligen (Großbauern), die immer mächtiger wurde. Die Königsherrschaft (Monarchie) wurde allmählich von der Herrschaft des Adels (Aristokratie) abgelöst.

Um 1200 v. Chr. zerstören vermutlich Völker aus dem östlichen Mittelmeerraum die mykenische Kultur.

Mittelpunkt der nun entstehenden Kleinstaaten war die Stadt (griech. Polis). Die Bürger rangen dem Adel ein Mitspracherecht in öffentlichen Angelegenheiten ab. Aus Landnot wurden zahlreiche Kolonien gegründet. So breitete sich die griechische Kultur über den ganzen Mittelmeerraum und rund um das Schwarze Meer aus. Die Bedrohung durch die Perser konnten die Stadtstaaten gemeinsam erfolgreich abwehren (480 v. Chr.).

Laufdiktat Griechenland 2

Festspiele, Götterglaube und religiöse Weihestätten

Wie die meisten Völker des Altertums glaubten die Griechen an viele Götter, stellten sie sich jedoch mit menschlichen Zügen vor: Sie waren zwar unsterblich und blieben dank der Götterspeisen Nektar und Ambrosia ewig jung und schön. Aber sie liebten und hassten, waren neidisch und eifersüchtig, hungrig und durstig wie die Menschen. Sitz der Götter war der Berg Olymp. Oft mischten sie sich in das Schicksal der Menschen ein. Die ältesten Erzählungen von den griechischen Göttern stammen vom Dichter Homer.

Auf dem Peloponnes fanden in Olympia alle vier Jahre sportliche Wettkämpfe zu Ehren des Göttervaters Zeus statt. Die Athleten traten in Laufbewerben, im Fünfkampf und Wagenrennen gegeneinander an. In Delphi lag das berühmte Heiligtum Apollons, wo die Griechen sich von Pythia, der Priesterin Apollons, die Zukunft durch oft doppeldeutige Orakelsprüche weissagen ließen.

Griechenland 3

Die Götterwelt der Griechen

Der Götterglaube der Mykener setzte sich bei den Griechen fort und verbreitete sich durch die Kolonisation im Mittelmeerraum.

1. Der Anfang der Welt

Im Anfang, so glaubten die Griechen, war das ...., das ungeformte Nichts. Inmitten des weiten, leeren Abgrunds entstand ...., die Erde. Gaia zeugte aus sich selbst ...., den Himmel, und Pontos, das Meer. Dann vereinte sie sich mit Uranos und gebar die einäugigen .... (Polyphemos, den Odysseus blendete, war ein solcher!) und die .... – zwölf gewaltige Söhne und Töchter, die Eltern späterer Göttergeschlechter.

Zunächst war .... der höchste Gott. Als die Zyklopen aufgrund ihrer Stärke gegen ihn aufbegehrten, warf er sie in den ...., die finsterste Unterwelt. Gaia forderte die Titanen auf, ihre Brüder zu befreien. ...., der jüngste, entmannte Uranos durch einen Sichelhieb und stürzte ihn vom Thron. Aus Uranos Blut entstanden die Erinyen, die ....-göttinnen, und die Giganten, ein Geschlecht furchtbarer Riesen.

Kronos war nun Herr der Welt. Weil ihm geweissagt worden war, dass auch ihn einer seiner Söhne entthronen werde, verschlang er alle. Nur den letztgeborenen Sohn ...., den Göttervater des jüngeren Göttergeschlechts, konnte ...., Uranos' Frau, vor ihm verstecken. Als er herangewachsen war, erzwang er im Zweikampf, dass Kronos seine Schwestern und Brüder wieder ausspuckte. Gemeinsam mit ihnen bezwang er Kronos und die .... und befreite die .... aus der Unterwelt, wohin Uranos sie gestoßen hatte. Dafür schenkten diese Zeus den ...., mit dem in der Hand er oft abgebildet wurde.

Nun war .... der mächtigste Gott. Aber er teilte seine Herrschaft mit seinen Geschwistern. Er heiratete seine Schwester .... Sitz der Götter war der Palast auf dem .... Gelegentlich lauschten sie dem Gesang der neun Musen. Sie ernährten sich von Nektar und Ambrosia, dem Trank und der Speise, die .... verleiht, und lebten in ewiger Jugend. Doch allmächtig waren sie nicht. Neben die Götter stellten die Griechen die ...., das Schicksal, das auch in ihr Leben eingreift.

Ziffer	Griechische Götter	Ziffer	Griechische Götter
	Zeus		Artemis
	Hera		Aphrodite
	Poseidon		Hephaistos
	Hades		Dionysos
	Hestia		Demeter
	Pallas Athene		Hermes
	Apollon		Pan

2. Aufgaben und Attribute der Göttinnen und Götter:

Leg in deinem Merkstoffheft eine Tabelle an, in der du zu jeder Göttin und jedem Gott die Aufgaben und Zeichen schreibst!
Übrigens: Den Gott Ares findest du nicht in der Tabelle, da er nicht verehrt wurde. Nimm ihn in dein Heft auf!

VERITAS-Kopiervorlage

3. WER ist hier WER? Gib den Göttern in der Tabelle auf der vorigen Seite die richtige Ziffer!

Wie sich die Griechen ihre Götter vorstellten

1. Setze die folgenden Wörter in den Lückentext ein!

- Gebete
- Opfertier
- Krankheiten
- unsterblich
- Tempel
- eifersüchtig
- Unheil
- essen
- Standbilder
- Menschen
- Opfer
- Olymp

Die Götter lebten auf dem Berg _____, von dem sie zuweilen hinab auf die Erde stiegen. Im Unterschied zu den Menschen waren sie _____, ewig jung und schön. Sonst aber ähnelten sie in vielem den Menschen. Wie diese mussten sie _____ und trinken, sie hatten ihre Launen – waren z. B. _____ oder neidisch und mischten sich vielfach auch aus diesem Grund in die Geschicke der _____ ein. Gab es Streit unter den Göttern, mussten die Menschen z. B. unter Naturkatastrophen leiden. _____ und _____ wurden als Strafen der Götter gedeutet. Durch _____ und _____ versuchte man sie friedlich zu stimmen. Als Sündenbock – also als _____, das begangene Sünden wieder gutmachen sollte – diente oft ein Ziegenbock oder ein Hammel. Um den Schutz der Götter zu erlangen, wurden den Göttern Wohnräume, die _____, gebaut, in denen ihre _____ aufgestellt wurden.

2. Die Griechen widmeten einen großen Teil des Tages dem Gebet und dem Dienst an den Göttern. Was meinst du, wurde den Göttern – außer Ziegen und Schafböcken – geopfert?

_____

3. Die Opferung
Gib den Bildern Untertitel und bring sie in die richtige Reihenfolge!

Arbeitsblatt Griechenland 4

4. Wurde das Opfertier verbrannt, sprach man von einem Sühneopfer, einem …
(Lösung im stark umrandeten Feld des Kreuzworträtsels!)

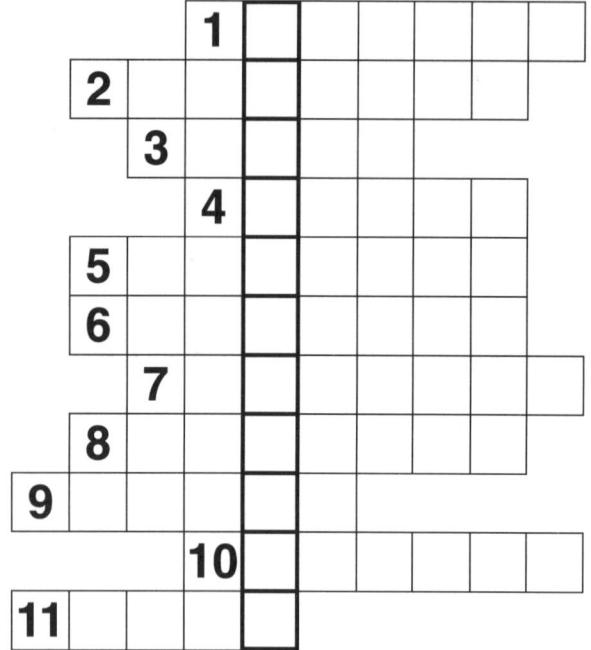

(1) männliches Opfertier
(2) Sonnengott
(3) Was musste den Altar benetzen?
(4) Was brachte man den Göttern dar?
(5) Den Namen dieses Gottes trägt die Natter, die Symbol der Apotheken ist.
(6) In diesen Abbildern wurden die Götter verehrt.
(7) Wo leben Nymphen?
(8) Um Nymphen nicht zu beleidigen, muss man sich vor dem Durchqueren des Wasserlaufs …
(9) Attribut des Zeus
(10) Weissagung/Ort der Weissagung
(11) Trank, der als Opfergabe diente

5. Die Orakel

Im frühen Griechenland las man den Willen der Götter aus dem Vogelflug und den Eingeweiden der Opfertiere ab, später wandte man sich an das Orakel.

Das bekannteste Orakel befand sich in Delphi. Über einer Erdspalte, aus der Dämpfe aufstiegen, stand ein bronzener Dreifuß. Auf ihm saß Pythia, die Priesterin des Orakels, und atmete die Dämpfe ein. Sie gab Antworten, die von Apollon stammten. Sie waren stets zweideutig. So erhielt der König Krösus von Lydien, als er gegen den Perserkönig Kyros in den Krieg ziehen wollte, folgende Antwort: „Wenn du über den Grenzfluss Halys ziehst, wirst du ein großes Reich zerstören."

Wie kann man diesen Orakelspruch auslegen?

1) ....

2) ....

König Krösus begann den Krieg und – sein e i g e n e s Reich wurde zerstört.

Puzzle: Die Weihestätte von Delphi

Götterquartett

für 3–4 SpielerInnen

Das Götterquartett wird gespielt wie jedes andere Quartett. Falls du schon vergessen hast, wie man Quartett spielt, lies die folgende Spielanleitung.

Spielmaterial: 40 Karten

Spielvorbereitung:
- Schaut euch in der Tabelle „Die griechischen Götter" vor allem die Symbole der Götter gut an!
- Mischt die Karten!
- Teilt sie gleichmäßig auf alle Spieler auf!
- Jeder Spieler ordnet seine Karten.

Spielverlauf:
- Der jüngste Spieler beginnt. Er darf einen Spieler seiner Wahl nach einer Karte, die ihm fehlt, fragen. „Gisela, hast du die Gestalt der Göttin Artemis?"
- Der gefragte Spieler schaut, ob er die gewünschte Karte hat. Beratungen, um welche Göttin es sich handelt und woran man sie erkennt, sind, falls ihr unsicher seid, erlaubt! Sollten alle unsicher sein, hilft euch die unten stehende Tabelle „Die griechischen Götter".
- Hat der angesprochene Spieler die Karte, muss er sie dem Fragenden aushändigen und dieser darf weiter nach Karten für seine Quartette fragen.
- Hat der Gefragte die Karte nicht, sagt er: „Abgeblitzt!" Nun ist er selbst an der Reihe zu fragen.

Spielende: Gewonnen hat, wer die meisten Quartette zusammenstellen konnte.

Die griechischen Götter

Name	Gottheit	Symbol
Zeus	Herrscher über Götter und Menschen, Gemahl der Hera	Blitz, Adler
Hera	Hüterin der Ehe, Gemahlin des Zeus	Granatapfel, Pfau
Hermes	Götterbote	Flügelschuhe, goldener Wanderstab, beflügelter Hut
Apollon	Gott des Lichts, der Wahrheit, Führer des Musenchors, Zwillingsbruder der Artemis	Leier, Dreifuß, Bogen und Köcher
Artemis	Göttin der Jagd und des Mondes, Zwillingsschwester Apollons	Hirschkuh, Pfeil und Bogen
Poseidon	Gott des Meeres	Dreizack
Dionysos	Gott des Weines, der Sinnesfreuden	Weinrebe
Pallas Athene	Göttin der Weisheit, Kunst, Kriegsführung	Eule und Ölbaum
Hades	Gott der Unterwelt	Höllenhund Kerberos
Demeter	Göttin des Ackerbaus und der Fruchtbarkeit	Kornährenkranz

Götterquartett 1

Griechische Götter D	Griechische Götter D
◆ <u>Gestalt</u> ◆ Symbol ◆ Selbstcharakteristik ◆ Name	◆ <u>Gestalt</u> ◆ Symbol ◆ Selbstcharakteristik ◆ Name

Griechische Götter C	Griechische Götter C
◆ Gestalt ◆ <u>Symbol</u> ◆ Selbstcharakteristik ◆ Name	◆ Gestalt ◆ <u>Symbol</u> ◆ Selbstcharakteristik ◆ Name

Griechische Götter B	Griechische Götter B
DEMETER ◆ Gestalt ◆ Symbol ◆ Selbstcharakteristik ◆ <u>Name</u>	**HADES** ◆ Gestalt ◆ Symbol ◆ Selbstcharakteristik ◆ <u>Name</u>

Griechische Götter A	Griechische Götter A
„Ich bin die Spenderin des Getreides und der Früchte und werde vor allem zur Zeit der Ernte gefeiert." ◆ Gestalt ◆ Symbol ◆ <u>Selbstcharakteristik</u> ◆ Name	„Ich lebe im Schattenreich, wo die Sterblichen ihre Sünden abbüßen. Ich bin der Herrscher der Unterwelt." ◆ Gestalt ◆ Symbol ◆ <u>Selbstcharakteristik</u> ◆ Name

VERITAS-Kopiervorlage

Götterquartett 2

Griechische Götter D	Griechische Götter D
(Abbildung: Apollon)	(Abbildung: Hermes)
◆ Gestalt ◆ Symbol ◆ Selbstcharakteristik ◆ Name	◆ Gestalt ◆ Symbol ◆ Selbstcharakteristik ◆ Name

Griechische Götter C	Griechische Götter C
(Abbildung: Lyra)	(Abbildung: Flügelhelm und Flügelschuh)
◆ Gestalt ◆ <u>Symbol</u> ◆ Selbstcharakteristik ◆ Name	◆ Gestalt ◆ <u>Symbol</u> ◆ Selbstcharakteristik ◆ Name

Griechische Götter B	Griechische Götter B
APOLLON	**HERMES**
◆ Gestalt ◆ Symbol ◆ Selbstcharakteristik ◆ <u>Name</u>	◆ Gestalt ◆ Symbol ◆ Selbstcharakteristik ◆ <u>Name</u>

Griechische Götter A	Griechische Götter A
„Ich bin der Sonnengott und Schutzherr der Wahrheit. Ich führe den Chor der Musen an."	„Ich bin der Gott der Diebe, Kaufleute und Wanderer. Für uns Götter erledige ich die Botendienste."
◆ Gestalt ◆ Symbol ◆ <u>Selbstcharakteristik</u> ◆ Name	◆ Gestalt ◆ Symbol ◆ <u>Selbstcharakteristik</u> ◆ Name

Götterquartett 3

Griechische Götter D	**Griechische Götter D**
♦ <u>Gestalt</u> ♦ Symbol ♦ Selbstcharakteristik ♦ Name	♦ <u>Gestalt</u> ♦ Symbol ♦ Selbstcharakteristik ♦ Name
Griechische Götter C	**Griechische Götter C**
♦ Gestalt ♦ <u>Symbol</u> ♦ Selbstcharakteristik ♦ Name	♦ Gestalt ♦ <u>Symbol</u> ♦ Selbstcharakteristik ♦ Name
Griechische Götter B **ARTEMIS** ♦ Gestalt ♦ Symbol ♦ Selbstcharakteristik ♦ <u>Name</u>	**Griechische Götter B** **POSEIDON** ♦ Gestalt ♦ Symbol ♦ Selbstcharakteristik ♦ <u>Name</u>
Griechische Götter A „Ich bin die Herrin der Tierwelt und die Göttin der Jagd. Meinem Zwillingsbruder bin ich eng verbunden." ♦ Gestalt ♦ Symbol ♦ <u>Selbstcharakteristik</u> ♦ Name	**Griechische Götter A** „Ich herrsche über die Weiten des Meeres und lasse die Erde erbeben, wenn ich es will." ♦ Gestalt ♦ Symbol ♦ <u>Selbstcharakteristik</u> ♦ Name

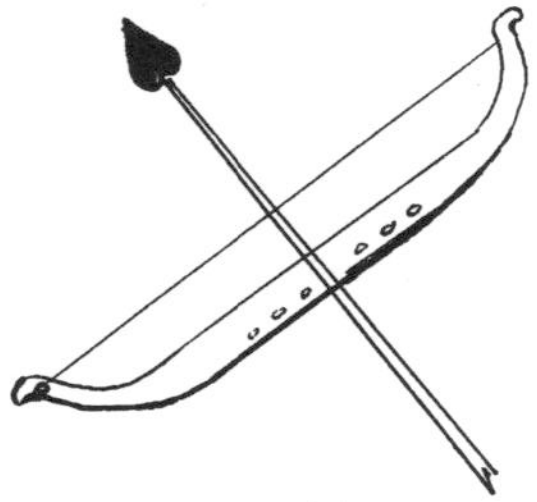

Götterquartett 4

Griechische Götter A

„Ich bin der Gott des Weines, der Sinnenfreuden und der Künste."

- ♦ Gestalt
- ♦ Symbol
- ♦ <u>Selbstcharakteristik</u>
- ♦ Name

Griechische Götter B

DIONYSOS

- ♦ Gestalt
- ♦ Symbol
- ♦ Selbstcharakteristik
- ♦ <u>Name</u>

Griechische Götter C

- ♦ Gestalt
- ♦ <u>Symbol</u>
- ♦ Selbstcharakteristik
- ♦ Name

Griechische Götter D

- ♦ <u>Gestalt</u>
- ♦ Symbol
- ♦ Selbstcharakteristik
- ♦ Name

Griechische Götter A

„Ich bin dem Haupt meines Vaters entsprungen. Als Göttin der Weisheit werde ich auch die ‚Eulenäugige' genannt."

- ♦ Gestalt
- ♦ Symbol
- ♦ <u>Selbstcharakteristik</u>
- ♦ Name

Griechische Götter B

PALLAS ATHENE

- ♦ Gestalt
- ♦ Symbol
- ♦ Selbstcharakteristik
- ♦ <u>Name</u>

Griechische Götter C

- ♦ Gestalt
- ♦ <u>Symbol</u>
- ♦ Selbstcharakteristik
- ♦ Name

Griechische Götter D

- ♦ <u>Gestalt</u>
- ♦ Symbol
- ♦ Selbstcharakteristik
- ♦ Name

Götterquartett 5

Griechische Götter D

- Gestalt
- Symbol
- Selbstcharakteristik
- Name

Griechische Götter D

- Gestalt
- Symbol
- Selbstcharakteristik
- Name

Griechische Götter C

- Gestalt
- **Symbol**
- Selbstcharakteristik
- Name

Griechische Götter C

- Gestalt
- Symbol
- Selbstcharakteristik
- Name

Griechische Götter B

ZEUS

- Gestalt
- Symbol
- Selbstcharakteristik
- Name

Griechische Götter B

HERA

- Gestalt
- Symbol
- Selbstcharakteristik
- Name

Griechische Götter A

„Ich bin oberster Herrscher über die Welt und die Götter. Ich kann sehr jähzornig sein, aber ich liebe die Frauen."

- Gestalt
- Symbol
- Selbstcharakteristik
- Name

Griechische Götter A

„Ich bin die Göttermutter und die Beschützerin der Ehe. Deshalb habe ich oft Ärger mit meinem Mann."

- Gestalt
- Symbol
- Selbstcharakteristik
- Name

Arbeitsplan: Griechische Frühzeit 3

Pflicht / Wahl Sozialform	Fach	Material	Thema	Arbeitsaufgabe	Kontrolle	begonnen/ erledigt
! 👤	D	Schwab: Sagen, S. 66–85	Herakles	◆ Lies die Heraklessage!		
✳ 👥👥	D	Zuordnungsspiel „Herakles"	Herakles	◆ siehe Spielanleitung	SK	
✳ 👤	GSK	„Antike Athleten" in der roten Folie, OH-Stift	Olympische Spiele	◆ Lies und ergänze den Text!	SK	
1. ! 👤	GSK	„Die Spiele im antiken Olympia" in der roten Folie, OH-Stift	Olympische Spiele	◆ Lies und ergänze den Text „Die Spiele im antiken Olympia"! ◆ Warum war es für die Griechen wichtig, zu Lebzeiten Ruhm zu erlangen? Was musste ein Sportler in Kauf nehmen, um an den Spielen teilnehmen zu können?	SK	
2. ! 👥	GSK	AB Griechenland 5	Olympische Spiele	◆ siehe Arbeitsblatt	SK	
! 👤	GSK	Laufdiktat 2	Götterglaube, Weihestätten, Festspiele	◆ Schreib den Text des Laufdiktats ins Merkstoffheft!	SK	
1. ! 👥	D	Stift, Papier	Interview zum trojanischen Krieg (Rollenspiel)	◆ Gestalte ein Interview! Du bist Reporter Hermes von Radio Helenikos und befragst den eben verstorbenen Paris zum Raub der schönen Helena, dem Rachefeldzug der Griechen und der Situation der Trojaner! ◆ Mach dir erst ein paar Notizen! – Die wichtigsten Teile des Interviews sind: Begrüßung der Zuhörer, die Vorstellung des Reporters, Nennen des Ortes, an dem das Interview stattfindet; die Vorstellung und Befragung des Interviewpartners, Bedanken für das Interview, Verabschiedung. ◆ Versuche Paris in die Enge zu treiben, indem du ihm die Schuld am Ausbruch des Krieges gibst!		
2. ! 👤 HÜ	D	Schwab: Sagen, S. 125–158	Interview zum trojanischen Krieg	◆ Schreib das Interview mit Paris auf!	LK	

Herakles 1 Vorderseite

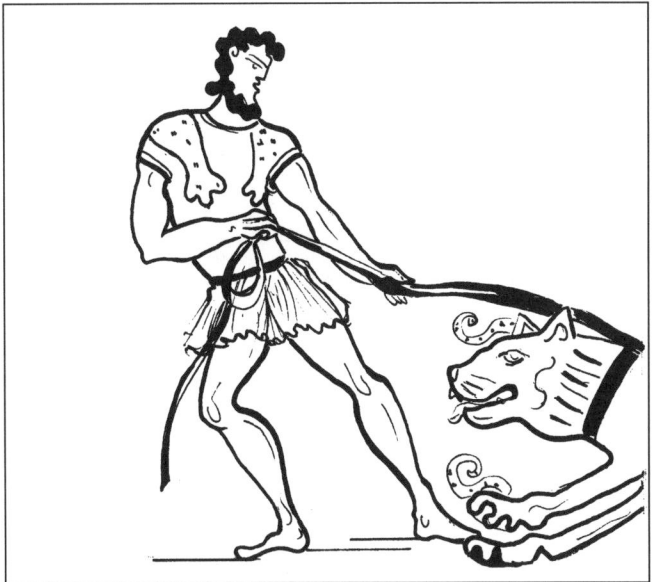

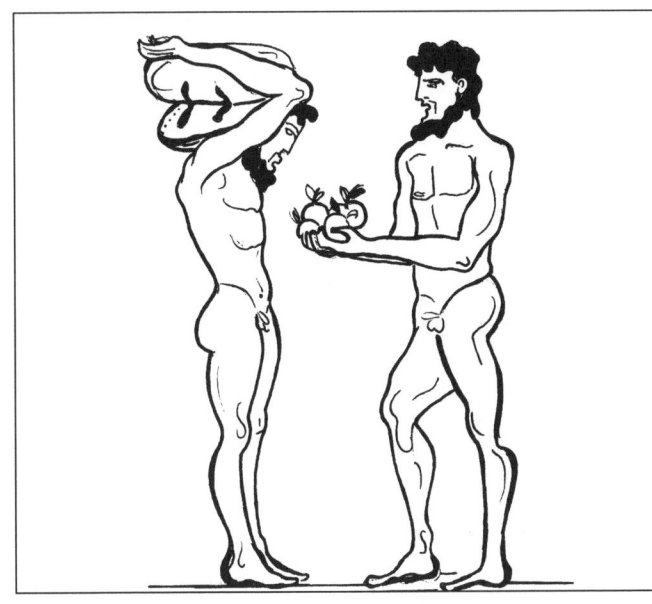

Herakles 1 Rückseite

12		4
9		10
6		11

Herakles 2 Vorderseite

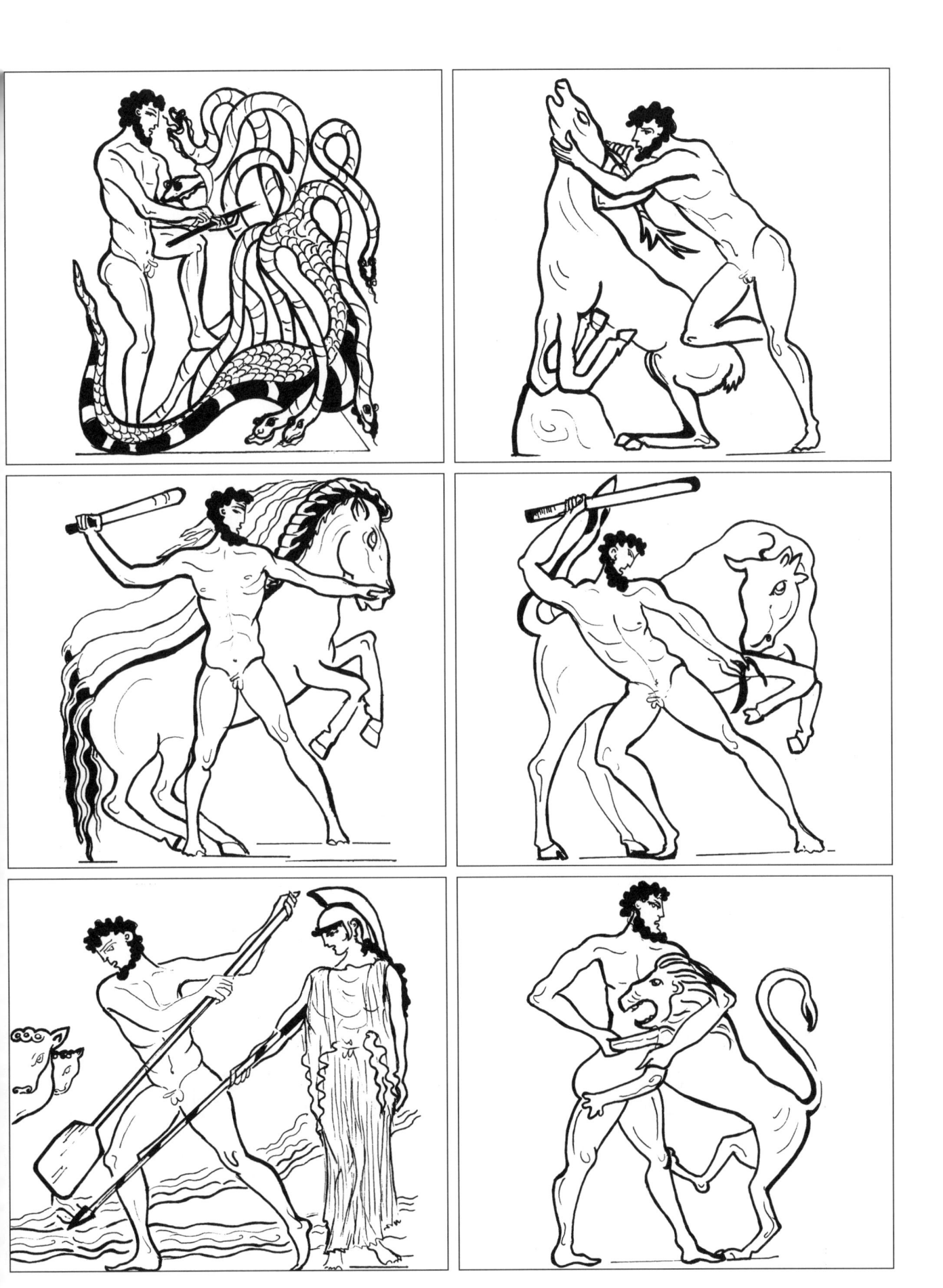

Herakles 2 Rückseite

3		2
7		8
1		5

Als **erste** Arbeit trug Eurystheus Herakles auf, ihm das **Fell des nemeischen Löwen** zu bringen.

Der nemeische Löwe hauste in den Wäldern der Landschaft Argolis. Man behauptete, er könne durch menschliche Waffen nicht verletzt werden. Herakles versuchte seine Pfeile an dem Tier, aber sie prallten an ihm ab. Erst ein Schlag mit der Keule betäubte den Löwen, sodass Herakles seinen Hals von hinten umschlingen und ihn ersticken konnte. Kein Stein oder Messer machte es Herakles möglich, dem nemeischen Löwen das Fell abzuziehen. Das gelang ihm erst mit einer Klaue des Tieres. Aus dem Fell ließ er sich später einen Panzer und aus dem Rachen einen Helm anfertigen.

Der **zweite** Auftrag war, die **Hydra** zu erlegen.

Die Hydra war eine riesige Wasserschlange, die im Sumpf von Lerna in der Argolis lebte. Sie hatte neun Häupter, deren mittleres unsterblich war. Herakles nahm seinen Neffen Iolaos als Wagenlenker mit und machte sich auf die Suche. Mit Brandpfeilen trieb er das Untier aus seinem Versteck. Herakles hieb der Hydra die Köpfe ab, aber für jedes abgeschlagene Haupt wuchsen zwei neue nach. Den Riesenkrebs, der der Hydra zu Hilfe kam, erschlug Herakles mit seiner Keule. Mit brennenden Ästen brannte Iolaos die Wunden der Hydra aus, damit keine neuen Köpfe nachwachsen konnten. Schließlich schlug Herakles ihr den unsterblichen Kopf ab, begrub ihn und wälzte einen riesigen Stein darüber.

Die **dritte** Arbeit des Herakles beanspruchte weniger seinen Heldenmut als seine Geduld und Ausdauer: Eurystheus befahl ihm, die **Hirschkuh Kerynitis** lebend zu fangen.

Die Hirschkuh Kerynitis war eines jener Tiere, an denen Artemis ihre ersten Jagdkünste erprobt hatte. Sie trug ein goldenes Geweih und hatte eherne Füße. Ein Jahr lang rannte ihr Herakles vergeblich nach. Schließlich holte er sie ein und lähmte sie durch einen Pfeil, lud sie auf seine Schultern und trug sie nach Mykene. Die Göttin Artemis verstand er zu besänftigen, indem er ihr klarmachte, dass er das Tier lähmen musste, um den Willen des Göttervaters Zeus zu erfüllen.

Als **vierte** Aufgabe hatte Herakles den **erymanthischen Eber,** der Artemis geweiht war, lebend nach Mykene zu bringen.

Auf dem Weg zum Berge Erymanthos kehrte Herakles bei dem Kentauren Pholos ein. Dieser bewirtete ihn mit Götterwein, den die fremdenfeindlichen Kentauren rochen. Bewaffnet versuchten sie, in Pholos' Höhle einzudringen. Beim darauf folgenden Kampf wurde der unsterbliche Kentaure Chiron durch einen Giftpfeil Herakles' unheilbar verletzt, sodass er sich den Tod wünschte. Auch Pholos fand durch einen Giftpfeil den Tod. Nach diesen traurigen Erlebnissen jagte Herakles den erymanthischen Eber durch Geschrei, bis dieser ermattet zusammenbrach und der Held ihn fesseln konnte.

Die **fünfte** Arbeit sollte Herakles demütigen: Eurystheus befahl ihm, den **Stall des Augeias** zu misten.

Die dreitausend Rinder des Königs von Elis standen auf einer Weide im Palastinneren. Jahrelang hatte sich der Mist angesammelt. König Augeias versprach Herakles ein Zehntel seiner Herde als Lohn, falls er das Ausmisten an einem Tag bewältige. Dieser leitete zwei Flüsse durch den Hof und ließ sie den Dung wegspülen, ohne sich zu beschmutzen. Als Augeias erfuhr, dass Herakles von Eurystheus beauftragt war, die Arbeit zu tun, wollte er nicht bezahlen. Sein Sohn zeugte vor Gericht gegen ihn und wurde gemeinsam mit Herakles des Landes verwiesen. Eurystheus aber erkannte die Arbeit nicht an, da Herakles Lohn verlangt hatte!

Herakles' **sechste** Aufgabe bestand darin, die **stymphalischen Raubvögel** zu verjagen.

Sie waren große Kraniche mit eisernen Flügeln, Schnäbeln und Klauen und hausten um den See Stymphalos. Sie überfielen Menschen und Tiere. Ihre Federn schossen sie wie Pfeile ab und durchschlugen mit ihren Schnäbeln selbst eiserne Panzer. Athena stand dem Helden bei. Sie gab ihm zwei eherne Klappern, mit denen er die Raubvögel aufscheuchte. Viele schoss er ab, die anderen flogen davon und kehrten nie wieder zurück.

Der erymanthische Eber	**Der nemeische Löwe**
Der Stall des Augeias	**Die lernäische Schlange**
Die stymphalischen Vögel	**Die Hirschkuh Kerynitis**

Die **siebente** Aufgabe, die Eurystheus Herakles stellte, bestand darin, den **kretischen Stier** zu bändigen.

König Minos, der Herrscher über Kreta, hatte versprochen, dem Meeresgott Poseidon jenes Tier zu opfern, das zuerst aus dem Meer auftauchen würde, weil er selbst keines besitze, das für den Gott würdig gewesen wäre. So ließ Poseidon einen herrlichen Stier aus den Fluten steigen, der König Minos jedoch so gut gefiel, dass er ihn behielt und einen anderen opferte. Daraufhin ließ der Meeresgott den Stier rasend werden. Das Tier richtete viel Schaden an. Herakles gelang es, den Stier so zu zähmen, dass dieser ihn durch das Meer an die griechische Küste trug.

Als **achte** Arbeit verlangte Eurystheus von Herakles, dass er die **Rosse des Königs Diomedes** nach Mykene bringe.

Diomedes' Rosse waren so stark, dass sie mit Ketten an eiserne Krippen gebunden werden mussten. Ihr Futter war Menschenfleisch. Herakles warf ihnen Diomedes zum Fraße vor, das machte die Rösser zahm und sie ließen sich mühelos nach Mykene bringen.

Als **neunten** Auftrag sollte Herakles das **Wehrgehänge der Amazonenkönigin Hippolyte** beschaffen.

Die Amazonen waren ein Volk tapferer Frauen. Sie wohnten in Pontos am Schwarzen Meer. Die Königin Hippolyte hatte vom Kriegsgott Ares persönlich einen goldenen Gürtel für ihre Tapferkeit erhalten. Als sie Herakles sah, war sie von seinem Aussehen so bezaubert, dass sie ihm ihr Wehrgehänge versprach. Hera aber in ihrem Hass verbreitete das Gerücht, Herakles wolle die Königin entführen. Daraufhin griffen die Amazonen Herakles' Lager an, wurden jedoch von dem Helden und seinen Männern besiegt. Im Austausch gegen das Wehrgehänge ließ der Held die Anführerin der Angreiferinnen frei.

Als **zehnte** Arbeit sollte Herakles die **Rinder des dreileibigen Geryones** für Eurystheus herbeischaffen.

Geryones war riesengroß, hatte drei Leiber, drei Köpfe, sechs Arme. Er lebte auf der Insel Erytheia. Seine Rinderherde hüteten ein zweiköpfiger Hund und ein Riese. Auf einer abenteuerlichen Wanderung gelangte Herakles nach Erytheia. Als er auf Geryones' Insel landete, musste er sogleich den zweiköpfigen Hund und den riesigen Hirten besiegen. Dann trieb er rasch die Rinder davon, doch Geryones stellte ihn zum Kampf. Hera selbst stand auf seiner Seite, wurde aber durch einen Pfeil des Helden verletzt und floh. Herakles tötete Geryones durch einen Pfeilschuss in die Magengegend, wo dessen drei Leiber zusammenliefen.

Als **vorletzte** Arbeit hatte Herakles die **Äpfel der Hesperiden** zu beschaffen.

Sie waren ein Hochzeitsgeschenk der Erde Gaia an Zeus und Hera. Sie wuchsen auf einem Baum, der von den vier Hesperiden und einem hundertköpfigen Drachen bewacht wurde. Von Prometheus, den Herakles aus seinen Fesseln befreite, erfuhr er, wo der Garten zu finden sei. Prometheus gab ihm den Rat, Atlas die Äpfel holen zu lassen. Nach einer Reise voller Gefahren gelangte Herakles zu Atlas und übernahm die Last des Himmelsgewölbes, während Atlas den Hesperiden die Äpfel entwandte. Allerdings wollte dieser danach nicht länger den Himmel tragen und nur durch List gelang es Herakles, Atlas die Last wieder auf die Schultern zu laden.

Herakles' **letzte** Aufgabe war es, den **Höllenhund Kerberos** aus der Unterwelt zu bringen.

Herakles ließ sich von Priestern in die Geheimnisse von Ober- und Unterwelt einweihen und stieg furchtlos hinab ins Reich der Schatten. Vor den Toren des Hades erblickte er seine Freunde Theseus und Peirithoos, die wegen des Versuches, Persephone zu rauben, dort an einen Felsen gefesselt waren. Herakles befreite Theseus. Peirithoos' Befreiung verhinderte jedoch ein Erdbeben. Herakles überwand Pluton, den Hadeswächter, der verlangte, dass der Held den Höllenhund ohne Waffen fange. Obwohl das dreiköpfige Untier Herakles biss, legte er es in Ketten. Eurystheus befahl ihm zu Tode erschrocken, das Tier schleunigst in den Hades zurückzubringen.

Der dreileibige Geryones	**Der Stier von Kreta**
Die Äpfel der Hesperiden	**Die Rosse des Königs Diomedes**
Der Höllenhund Kerberos und Theseus' Befreiung aus der Unterwelt	**Das Wehrgehänge der Amazonenkönigin Hippolyte**

Spielanleitung

Die Arbeiten des Herakles

für 1–3 SpielerInnen

Spielmaterial: 12 Bildkarten, 12 Textkarten

Spielvorbereitung:

- Bild- und Textkarten getrennt gut durchmischen!
- Die Bildkarten so auflegen, dass die Bilder nach oben schauen! Die Ziffern auf der Rückseite sollen verdeckt sein.
- Die Textkarten so auflegen, dass die Seite mit den Titeln nach oben schaut! Der Text auf der Rückseite ist verdeckt.

Spielverlauf:

- Bilder und Titel sollen einander richtig zugeordnet werden.
- Wer fertig ist, kann die Arbeiten in die richtige Reihenfolge bringen.
- Die Reihenfolge wird überprüft, indem die Bildkärtchen umgedreht werden. Die Ziffern der Rückseite ermöglichen es, die Abfolge richtig zu stellen!

- **Anweisung für einen Spieler:** Überlege dir, wie Herakles die jeweilige Aufgabe gelöst hat! Überprüfe, ob du Recht hast, indem du das Titelkärtchen umdrehst und liest!

- **Anweisung für zwei (drei) Spieler:**
Spieler A erhält Bild- und Textkarten der Arbeiten 1, 3, 5, 7, 9, 11 (1, 4, 7, 10)!
Spieler B erhält Bild- und Textkarten der Arbeiten 2, 4, 6, 8, 10, 12 (2, 5, 8, 11)!
(Spieler C erhält Bild- und Textkarten der Arbeiten 3, 6, 9, 12!)

Spieler A muss Spieler B erzählen, wie Herakles die Arbeiten 2, 4, 6, 8, 10, 12 (2, 5, 8, 11) gelöst hat. Spieler B kontrolliert, was A erzählt, mit Hilfe des Textes auf den Textkarten.
Für jede richtige Lösung erhält A Bild- und Textkarte mit der jeweiligen Arbeit des Herakles.

Nun ist Spieler B an der Reihe.
Er muss Spieler A (C) erzählen, wie Herakles die Arbeiten 1, 3, 5, 7, 9, 11 (3, 6, 9, 12) gelöst hat.
Spieler A (C) kontrolliert, was B erzählt, mit Hilfe des Textes auf den Textkarten.
Für jede richtige Lösung erhält B Bild- und Textkarte mit der jeweiligen Arbeit des Herakles.

(Zuletzt ist Spieler C an der Reihe.
Er muss Spieler A erzählen, wie Herakles die Arbeiten 1, 4, 7, 10 gelöst hat.
Spieler A kontrolliert, was C erzählt, mit Hilfe des Textes auf den Textkarten.
Für jede richtige Lösung erhält C Bild- und Textkarte mit der jeweiligen Arbeit des Herakles.)

Spielende:

Gewinner ist, wer die meisten Karten hat.

Folientext

Die Spiele im antiken Olympia

Lies den folgenden Text einmal durch und ergänze dann mit wasserlöslichem Overheadstift die fehlenden Wörter! Kontrolliere dein Ergebnis, indem du den Text aus der Folie ziehst. Vergiss nicht, die Folie nach der Kontrolle mit einem feuchten Taschentuch abzuwischen!

Immer wenn bei uns die Olympischen Spiele stattfinden, das ist alle .... Jahre, wird geredet, wie edel es im antiken Olympia zugegangen sei. Damals seien die Sportler noch keine Berufssportler, sondern .... gewesen, die nur für Ruhm und Ehre gekämpft hätten und nur mit einem Zweig vom wilden Ölbaum ausgezeichnet worden seien.

Für einen Ölzweig hätten die damaligen Sportler Diätvorschriften und hartes Training in Kauf genommen, bei dem die Trainer sogar Peitschen einsetzten. Doch das stimmt nicht ganz.

Die Sieger Olympischer Spiele wurden zwar vor einer 12 Meter hohen Statue des Gottes .... , die von dem berühmten Bildhauer Phidias aus Gold und Elfenbein geschaffen worden war und als eines der Sieben Weltwunder galt, mit einem .... ausgezeichnet. Sie erhielten aber in ihrer Heimat darüber hinaus meist hohe Ehrungen, Geldgeschenke und Steuerfreiheit.

Außerdem muss man bedenken, dass nach dem Glauben der Griechen der Tod zu einem freudlosen Dasein im Hades, in der .... , führte. Wollte man im Gedächtnis der Menschen weiterleben, war es daher sehr wichtig, ... zu erlangen. Häufig wurden Olympiasieger in Standbildern verewigt und ihre Siege auf Schrifttafeln eingetragen, die in Olympia aufgestellt wurden.

In .... wurden schon seit 776 v. Chr. Weihespiele zu Ehren des Göttervaters .... abgehalten. An den Spielen durften nur freie männliche Griechen teilnehmen; mit diesen Spielen bekundeten die Griechen ihre kulturelle Einheit. Den Zeitraum von einem Weihespiel zum nächsten bezeichneten die Griechen als Olympiade. Aus allen Landesteilen reisten bis zu 50 000 .... an. Während der Spiele mussten die Waffen ruhen, es herrschte olympischer ....

Für die Spiele bereiteten sich die Sportler zehn Monate lang gewissenhaft vor. Am ersten Tag des großen Festes wurden die Kampfrichter vereidigt und die Kampfpaare ausgelost. Dann brachten die Kämpfer unter Musik und Gesang vor dem Tempel des Zeus ein .... dar, sie .... , ehrlich zu kämpfen und die Spielregeln .... Danach zog man ins Stadion, wo die Jugendwettkämpfe und Laufbewerbe stattfanden. Am zweiten Tag folgten die Pferde- und Wagenrennen im Hippodrom (griech. hippo = Pferd), der ....-Rennbahn. Als Sieger wurde nicht der Lenker, sondern der Besitzer der Pferde gefeiert! Am dritten Tag fanden ein Festzug, ein Opfer und ein Festschmaus statt. Tags darauf folgten der Fünfkampf (Lauf, Weitsprung, Diskus- und Speerwurf, Ringen) und die Wettläufe, wobei der Waffenlauf in voller Rüstung stattfand. Mit den Ring- und Faustkämpfen am fünften Tag gingen die Wettkämpfe zu Ende. Es folgten die Siegerehrungen und ein abschließender Festzug mit Dankopfer vor dem .... sowie ein Festmahl im Rathaus von Olympia.

Griechenland 5

Die Olympischen Spiele

1. Den Göttern zu Ehren gab es auch in Delphi und anderen Städten Wettkämpfe, die berühmtesten jedoch waren die Olympischen Spiele zu Ehren des Zeus in Olympia.
Welche Wettkämpfe wurden ausgetragen? Schreib zu den Bildern entsprechende Bildunterschriften!

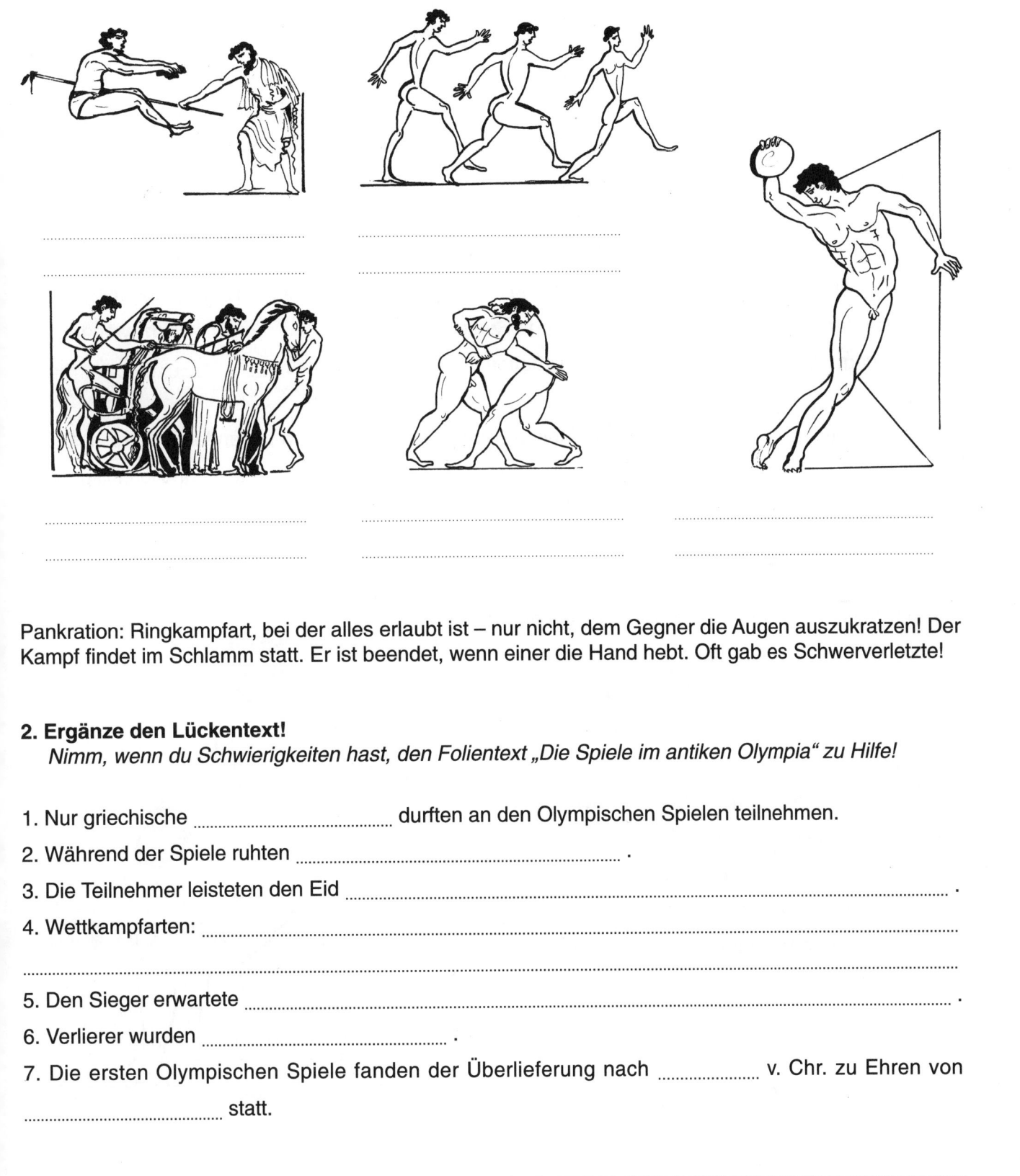

Pankration: Ringkampfart, bei der alles erlaubt ist – nur nicht, dem Gegner die Augen auszukratzen! Der Kampf findet im Schlamm statt. Er ist beendet, wenn einer die Hand hebt. Oft gab es Schwerverletzte!

2. Ergänze den Lückentext!
Nimm, wenn du Schwierigkeiten hast, den Folientext „Die Spiele im antiken Olympia" zu Hilfe!

1. Nur griechische .... durften an den Olympischen Spielen teilnehmen.

2. Während der Spiele ruhten ....

3. Die Teilnehmer leisteten den Eid ....

4. Wettkampfarten: ....
....

5. Den Sieger erwartete ....

6. Verlierer wurden ....

7. Die ersten Olympischen Spiele fanden der Überlieferung nach .... v. Chr. zu Ehren von .... statt.

Antike Athleten – Amateure oder Profis?

Lies den folgenden Text einmal durch und ergänze dann mit wasserlöslichem Overheadstift die fehlenden Wörter! Kontrolliere dein Ergebnis, indem du den Text aus der Folie ziehst. Vergiss nicht, die rote Folie nach der Kontrolle mit einem feuchten Taschentuch abzuwischen!

Die Sieger der Olympischen Spiele wurden im Triumph in ihre Vaterstädte heimgeholt. Der Olympiasieg brachte den Athleten nicht nur Ehre und Ruhm in Form eines _____ ein, sondern durchaus auch materielle Vorteile: Jede _____ Stadt war überaus stolz darauf, wenn ein siegreicher Sportler aus ihr stammte, denn schließlich wurde bei der Siegerehrung in Olympia nicht nur das Ergebnis der Leistung und der Name des Siegers, sondern auch die _____ des Siegers genannt. Daher förderte sie die Athleten schon während der Ausbildung, indem sie durch _____ spenden Sportanlagen, Trainer, Trainingspartner, Ärzte, Masseure, ja sogar Köche finanzierte. Aus solchen Fonds erhielt der Olympiasieger bei der Heimkehr eine Siegesprämie oder er wurde von der Steuer befreit oder er bekam eine Rente, also _____ Geldzuwendungen. Verlierer dagegen wurden verachtet, denn sie hatten der Vaterstadt keinen _____ eingebracht!

Mit dem gestiegenen Ansehen hatten die Athleten auch bessere Chancen bei anderen Spielen. Große Sportspiele waren die Pythischen Spiele, benannt nach der Priesterin Pythia, die im Apollonheiligtum zu _____ weissagte. Sie fanden ursprünglich alle acht, ab 582 v. Chr. alle vier Jahre im August/September statt. Dagegen wurden die Isthmischen Spiele am Isthmus von Korinth, die im ersten und dritten Jahr der Olympiade zu Ehren des Meeresgottes _____ stattfanden, und die Nemeischen Spiele im Tal zwischen Kleonai und Phleius alle _____ Jahre abgehalten. Die Sieger all dieser Veranstaltungen erhielten Geldpreise. Daneben gab es noch ca. 300 kleinere solcher Sportveranstaltungen.

Den antiken Athleten ging es also – wie den heutigen Sportlern – durchaus auch ums Geld. Sie waren – bis auf die Fünfkämpfer – keine Allroundsportler, sondern auf eine der Disziplinen spezialisiert. Mit Recht könnte man daher sagen, dass auch sie schon Berufssportler waren.

Die griechische Antike: Offenes Lernen im Geschichte- und Sozialkundeunterricht

Am Beispiel des Lernens im Geschichte- und Sozialkundeunterricht, dessen Bogen sich vom Schwerpunktthema „Staatsformen und die Entwicklung der Demokratie im antiken Griechenland" über die griechische Kultur, das Alltagsleben und Alexander den Großen bis zum Hellenismus spannt, sollen weitere typische Materialien für offenes Lernen und ihr Gebrauch vorgestellt werden. Hier reicht die Palette vom LÜK-Kasten über das Kluppenspiel, Puzzles, das Bandolo bis zum Quartett, Bingo und Bohnenquiz.

Auf Seite 107f. folgt ein Beispiel für die Gestaltung einer schriftlichen Wiederholung des erarbeiteten Stoffes, die zum Abschluss der Arbeit an diesem Themengebiet stattfinden könnte.

Weitere Materialien für offenes Lernen

Der LÜK-Kasten

LÜK steht für „Lernen – Üben – Kontrollieren". Meist sind den SchülerInnen die LÜK-Kästen aus Kindergarten und Grundschule vertraut. Sollte es Erklärungsbedarf geben, hier die entsprechenden Anweisungen:

- Klappe den LÜK-Kasten auf!
- Lege die Plättchen sortiert von 1–24 in den Deckel, dann sind auch die LÜK-Felder mit den Zahlen 1–24 sichtbar!
- Lies den LÜK-Geschichtstext! Die vorkommenden Zahlen sind die Felder des LÜK-Kastens. Suche nun den Begriff, der an dieser Stelle in den Text eingeordnet gehört. Neben ihm steht eine Zahl.
- Nimm das Plättchen mit dieser Zahl und leg es auf das angegebene Feld, z. B. Plättchen 3 auf Feld 1 im LÜK-Kasten.
- Fertig? Dann schließe den LÜK-Kasten, dreh ihn um und öffne ihn wieder. Stimmt dein Muster mit der Lösung überein? Wenn nicht, hast du etwas falsch zugeordnet. Dann probier es noch einmal!

Das Kluppenspiel

Das Kluppenspiel ist ein Zuordnungsspiel. Dabei werden einander Textteile mittels nummerierter Kluppen zugeordnet, indem die Kluppen an die richtige Stelle geklemmt werden. Nach dem Umdrehen müssen die Zahlen auf den Kluppen mit den Zahlen auf der Rückseite übereinstimmen. Für die Kluppenkarte auf Seite 70 werden 16 Kluppen benötigt, die auf Vorder- und Rückseite gleich nummeriert sind.

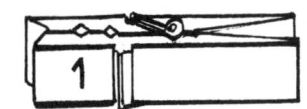

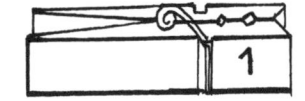

Puzzles

Ich setze Puzzles gerne dann ein, wenn SchülerInnen sich etwas optisch einprägen sollen.

Das Bandolo

Bandolos gibt es bereits für Kindergarten- und Grundschulkinder. Auch hier geht es um Zuordnungen, die geschaffen werden, indem ein Band (Faden) zwischen den Textteilen gespannt wird. Überprüft wird anhand der auf der Rückseite eingezeichneten Linien, mit denen das herumgewickelte Band übereinstimmen sollte.

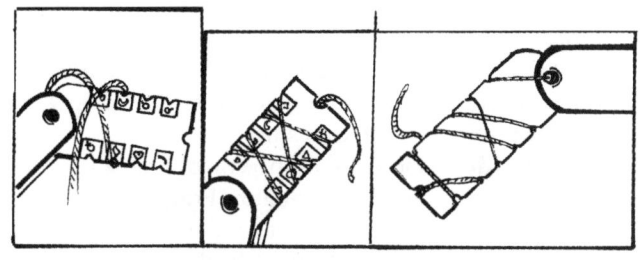

Ganz ähnlich funktioniert das Nagelbrett, bei dem Gummiringe von einem Nagel zum anderen gespannt werden. Zum Überprüfen wird das Blatt gewendet und mit den eingezeichneten Linien verglichen. Vorteil des Nagelbretts: Bei falschen Lösungen muss nicht die ganze Übung wiederholt werden wie beim Bandolo, sondern nur die falsch angeordneten Gummiringe werden abgelöst. Nachteil: Nagelbretter sind teurer in der Anschaffung, es sei denn ein Werkerzieher/eine Werkerzieherin nimmt sich der Sache an!

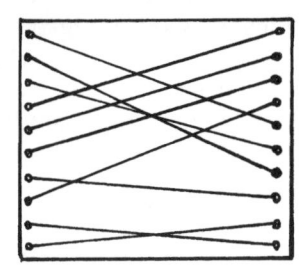

Hinweise zu „Griechische Antike 1"

Bingo

Bingo ist in der vorliegenden Form eine Art Quizspiel, kombiniert mit dem herkömmlichen Bingospiel, bei dem es darum geht, als Erster alle Felder einer Reihe (senkrecht, waagrecht oder diagonal) zu belegen, damit man „Bingo" rufen darf.

Das Bohnenquiz

Beim Bohnenquiz können unterschiedliche Schwierigkeitsgrade gewählt werden, für die es jeweils eine bestimmte Anzahl von Bohnen gibt, die man erhalten kann oder bezahlen muss.

Hinweise zum Arbeitsplan „Griechische Antike 1"

Hinter der Art, in der das Thema **„Die Agora"** aufbereitet ist, verbirgt sich die Idee des ganzheitlichen Lernens, des Lernens mit allen Sinnen. Die griechischen Speisen – ihr Duft und Geschmack – rufen darüber hinaus auch Urlaubserinnerungen wach!

Die Arbeitsblätter bereiten den Lehrstoff durch verschiedenste Aufgabenstellungen auf. Sind bei Lückentexten keine Wörter vorgegeben, so ergeben sie sich aus bereits anderweitig erarbeitetem Wissen. Der Hinweis „Denk mal nach, wo hast du schon davon gehört?" ist meist hilfreich. Zielführend ist es mitunter noch, hinzuzufügen: „Wenn du dich nicht mehr so genau erinnern kannst, schau dort nach!"

Ich halte es für sinnvoll und wichtig, schon auf dieser Schulstufe das Beschaffen von Informationen durch Nachschlagen in entsprechenden Büchern einzuüben. Deshalb findet sich auch auf manchen der Arbeitsblätter die Anweisung „Lies im Buch nach!". Die Lückentexte sind so gestaltet, dass so gut wie alle zu ergänzenden Informationen aus jedem der gängigen Schulbücher herauszufinden sind.

Die **Pyramidenbastelei** kommt vor allem bei jenen SchülerInnen gut an, die gerne ihre Endprodukte zur Schau stellen. Außerdem verdeutlicht sie den Antagonismus zur „Gleichheit aller" in der griechischen Demokratie.

Beim Thema **„Demokratie"** war es mir wichtig, Grundbegriffe der Staatsbürgerkunde einfließen zu lassen. Wenn man darüber hinausgehen und einen Schwerpunkt „Demokratie heute" setzen möchte, halte ich es für sinnvoll, das offene Arbeiten für ein Klassengespräch zu unterbrechen. Meist haben die SchülerInnen hier einen sehr unterschiedlichen Wissensstand. Als Ausgangspunkt bietet sich die Wahl des Klassensprechers an, sie ist meiner Meinung nach der ideale Anknüpfungspunkt aus dem eigenen Erfahrungsbereich. Wiener SchülerInnen haben bei diesem Thema einen Vorteil, da sich hier eine Exkursion ins Parlament förmlich aufdrängt!

Was die benötigte Unterrichtszeit anbelangt, erscheinen mir für diesen Abschnitt, dessen Wichtigkeit im folgenden Arbeitsplan durch die hohe Anzahl an Pflichtübungen zum Ausdruck kommt, ca. 5–6 Stunden realistisch. Konkrete Zeitangaben sind insofern problematisch, als natürlich die Vertrautheit mit dem offenen Lernen und die Heterogenität der Klasse eine wesentliche Rolle spielen.

Vorbereitungen

♦ Bei diesem Arbeitsplan ist es wichtig, ihn schon am Ende der letzten Stunde, bevor er zum Einsatz kommt, auszugeben. Denn die Einkäufe für Tsatsiki und griechischen Salat müssen von den SchülerInnen vor dem Unterricht erledigt werden!

♦ Die **Arbeitsblätter** müssen kopiert werden. Zusätzliche Exemplare für Lösungsblätter gleich mitkopieren!

♦ Zu den Arbeitsblättern müssen **Lösungsblätter** vorbereitet werden. Es empfiehlt sich farbiges Papier. Von jedem Lösungsblatt sollte man je nach Klassenstärke ca. fünf Stück auflegen.

Hängeordner für Arbeits- und Lösungsblätter erleichtern das geordnete Arbeiten sehr!

♦ Das **Zuordnungsspiel** „Regierungsformen", das **Puzzle** „Demokratie" und das **Kluppenspiel** am besten auf farbiges Papier kopieren, folieren und zerschneiden.

♦ **Vorlagen** zu den Marktständen und den Ausschneidebogen „Demokratie" in ausreichender Zahl – je nach Bastelfreudigkeit der Klasse – auflegen!

♦ **LÜK-Texte** entsprechend der Anzahl der LÜK-Kästen herstellen! Nicht vergessen: LÜK-Kästen in den Unterricht mitnehmen!

♦ **Kluppenspiel:** Kluppen besorgen, beschriften! Die Kluppenkarte auf Seite 70 kopieren, ausschneiden und entsprechend falten.

♦ Lexikon (falls nicht in der Leseecke vorhanden) bereitstellen! Die SchülerInnen sorgen meiner Erfahrung nach selbst gern für einen zum jeweiligen Thema passenden Handapparat, indem sie von zu Hause Bücher mitbringen.

Arbeitsplan: Griechische Antike 1

Pflicht / Wahl Sozialform	Material	Thema	Arbeitsaufgabe	Kontrolle	begonnen/ erledigt
1. HÜ A/B	Bastelbogen, Schere, Klebstoff, Farbstifte, Plastillin, Bastelfilz, Holzspießchen	Die Agora, der Marktplatz	◆ Bildet zusammengehörige Kleingruppen A, B! ◆ A: Bastelt die Stände und eine Statue! ◆ B: Besorgt das Rezept für Tsatsiki und griechischen Salat! Kauft die Zutaten ein!		
2. A/B	Karton A3, dünner Karton, Zutaten und Geschirr für Tsatsiki und griechischen Salat	Die Agora, der Marktplatz	◆ A, B: Stellt das Modell einer Agora her! ◆ A, B: Bereitet Tsatsiki und griechischen Salat zu! Guten Appetit!	LK	
!	LÜK: Staatliches Leben	Staatliches Leben in der Antike	◆ Vervollständigt den Text!	SK	
1.	Zuordnungsspiel „Regierungsformen"	Regierungsformen	◆ Ordne richtig zu und beachte die Reihenfolge! Lösungswort: Gefäß, in das bei Wahlen die Stimmzettel geworfen werden.	SK	
2. !	Ausschneidebogen „Staatsformen", AB Griechenland 6 und 7, Klebstoff, Schere	Entstehen der attischen Demokratie	◆ Klebe die Bilder vom Ausschneidebogen an der richtigen Stelle in den Text ein! ◆ Ergänze die Texte!	SK	
*	Pyramidenvorlage, Ausschneidebogen „Demokratie in Athen"	Demokratie in Athen	◆ Die Demokratie in Athen betraf 430 v. Chr. ca. 40 000 Bürger von 300 000 Einwohnern. Bastle deine Pyramide, die zeigt, dass in Athen die Rechte nur unter den männlichen Vollbürgern gleich verteilt waren!	LK	
!	Kluppenspiel	Demokratie einst und jetzt	◆ Klemme die Kluppen an die richtige Stelle! Bist du fertig, dreh das Blatt um! Wenn die Nummern auf den Kluppen mit denen auf dem Blatt übereinstimmen, hast du richtig gearbeitet. Wenn nicht, nimm die falsch zugeordneten Kluppen ab und probiere es noch einmal!	SK	
*	Puzzle	Demokratie	◆ Kennst du das entstandene Gebäude? Wer tagt darin? Wo steht es? ◆ Welche griechische Göttin steht davor? Warum?	LK	

Bastelbogen

Die Agora: Der Marktplatz als Mittelpunkt der griechischen Stadt

Die griechischen Städte waren von Stadtmauern umgeben, auf der Anhöhe lag die Akropolis als Zufluchtstätte. Mittelpunkt der Stadt war aber der Marktplatz.

Die Stände am Rand des Marktplatzes waren überdacht und beherbergten die Luxusgüter: Möbel, Schmuck, Parfums und Öle, Musikinstrumente, Lampen und Spielsachen. Auch die Werkstätten, wie etwa die Schmiede, befanden sich am Rand.

Mitten auf dem Marktplatz drängten sich die Zeltstände aneinander: Bei ihnen gab es Fisch, Fleisch, Geflügel, Gemüse, Obst, Getreide, Nüsse, Honig, Ziegenmilch, Wolle, Kleidung, Teppiche und Töpferwaren.

Stellt auf einem Karton das Modell einer Agora her!
Für die Stände am Rand der Agora klebt die Vorlage von diesem Blatt auf Karton und bemalt sie!

Mit Bastelfilz, Holzstäben und Plastillin zum Fixieren könnt ihr Marktstände für die Platzmitte bauen.
Stellt eine griechische Götterstatue aus Plastillin in die Mitte eurer Agora!

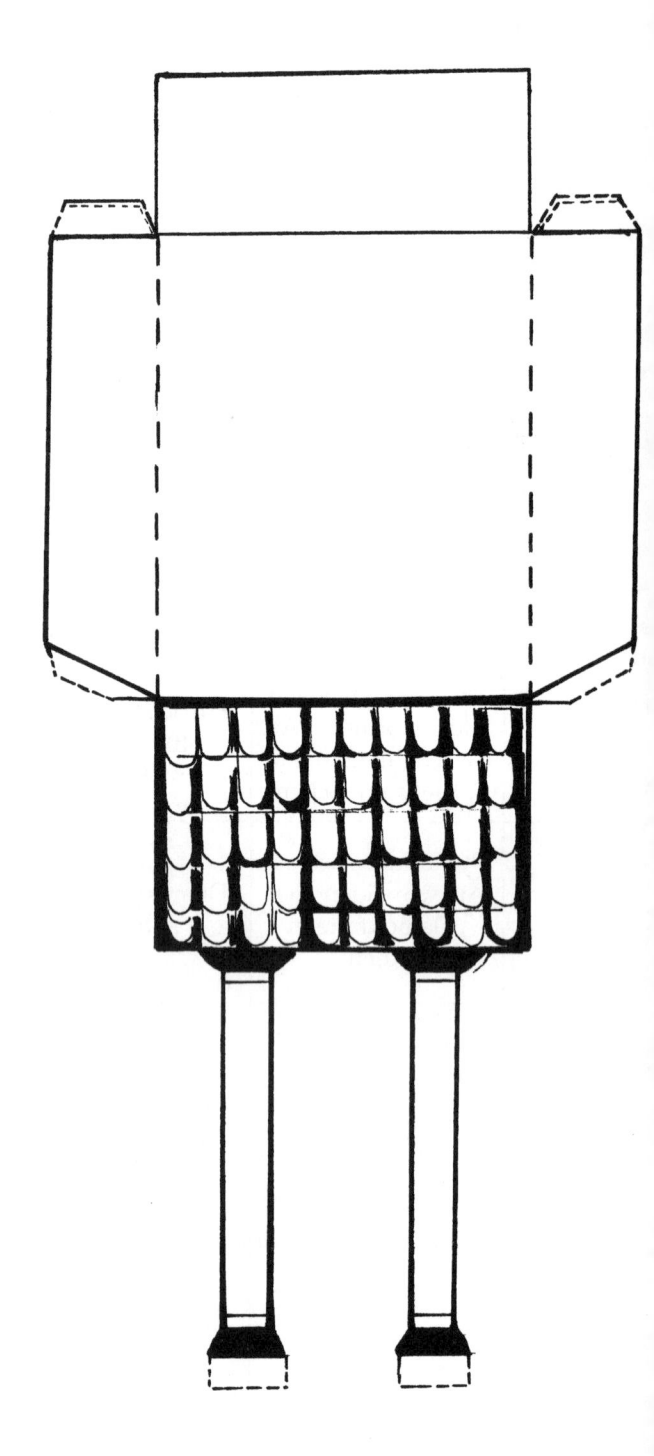

VERITAS-Kopiervorlage

Regierungsformen Vorderseite

MONARCHIE

KÖNIGSHERRSCHAFT

Der König herrscht **lebenslänglich** über seine Untertanen.
Die monarchische Gewalt hat er **ererbt** oder sie wurde ihm durch eine Wahl übertragen.

ARISTOKRATIE

ADELSHERRSCHAFT

Ein bevorzugter Teil der Bevölkerung, der ADEL, hat die Herrschaft inne.
Die Zugehörigkeit zum Adel ist **ererbt.**
Allerdings wurden Menschen auch infolge besonderer Verdienste in den Adelsstand erhoben.

TYRANNIS

HERRSCHAFT eines EINZELNEN

Der Gewalt hat sich ein Einzelner **widerrechtlich** bemächtigt, oft indem er zunächst die Volksmassen zu gewinnen suchte, dann aber willkürlich und zu seinem eigenen Nutzen herrschte.

DEMOKRATIE

HERRSCHAFT aller STAATSBÜRGER

Die Gewalt geht von den volljährigen Staatsbürgern aus und beruht auf ihrer **Gleichheit.**
(Im antiken Griechenland waren Frauen nicht gleichberechtigt! Zugewanderte und Sklaven waren zwar Einwohner, aber keine Staatsbürger!)

Regierungsformen Rückseite

U		U
R		R
N		N
E		E

Staatliches Leben im alten Griechenland

Füge die Begriffe aus dem nebenstehenden Rahmen richtig in den Text ein!
Die Zahlen im Text bezeichnen das Feld des LÜK-Kastens, auf das das richtige Plättchen gelegt werden muss.

Die neben den Begriffen angegebenen Zahlen bezeichnen die jeweiligen Plättchen!

Während es in **1** oder Mesopotamien einheitliche Reiche gab, in denen ein **2** Herrscher über eine große Zahl völlig **3** Untertanen herrschte, gab es in Griechenland eine Vielzahl kleiner **4**, die sich selbst **5** nannten. Eine solche bestand aus der von **6** umgebenen Stadt und dem **7** Gebiet, wo Menschen in Bauernhöfen und verstreut liegenden Dörfern lebten, und war relativ klein. Der **8** war nicht größer als Vorarlberg, andere waren wesentlich kleiner und hatten nur ein paar tausend oder zehntausend **9**. Die Gesamtbevölkerung Athens bestand aus ca. 300 000 Personen, wenn man die Sklaven mitrechnet. Die Bürger eines solchen Kleinstaates hatten ein ausgeprägtes politisches Bewusstsein und wollten selbst **10**, was im Staat zu geschehen hatte. Um Bürger zu sein, musste man drei Bedingungen erfüllen: Man musste aus der Polis stammen, ein Mann und **11** sein. **12** besaßen keine Rechte. Die Bürger **13** ihre Stadt, indem sie sich je nach Vermögen selbst ausrüsteten und als Reiter, Schwerbewaffnete oder **14** an den Kriegen teilnahmen. In der **15** wurde über Krieg und Frieden entschieden. In Friedenszeiten wurde von den Bürgern **16** gesprochen und **17** beschlossen. Ebenso organisierten sie **18** in dafür errichteten Sportanlagen sowie **19**. Die Teilnahme an all diesen Aufgaben war **20**. An Festtagen wurden den **21** Opfer gebracht. Die **22** der Kinder erfolgte in **23**. Sie wurde wie die **24** als Privatsache betrachtet.

unumschränkter **10**
Frauen **4**
Stadtstaaten **12**
Ägypten **5**
rechtloser **7**
bestimmen **6**
volljährig **1**
Polis **8**
Recht **19**
Ruderer **24**
Privatschulen **13**
Ausbildung **22**
Stadtstaat Athen **3**
Bürger **2**
Volksversammlung **17**
Göttern **14**
schützten **21**
Pflicht **18**
Gesetze **20**
Sportveranstaltungen **15**
umliegenden **9**
Theateraufführungen **23**
Mauern **11**
Fürsorge für Arme und Kranke **16**

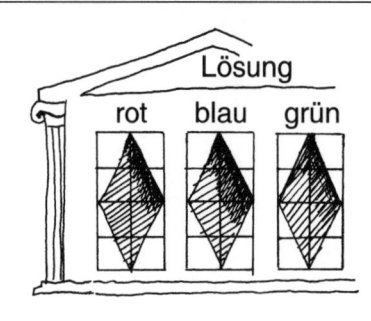

Lösung: rot – blau – grün

Ausschneidebogen

Staatsformen

Schneide die Bilder aus und klebe sie an der richtigen Stelle in die Arbeitsblätter Griechenland 6 und 7!

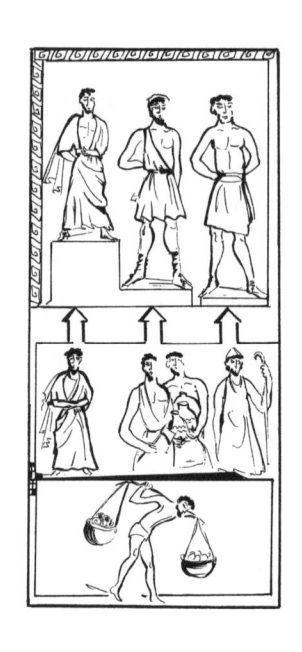

– 64 –

VERITAS-Kopiervorlage

Griechenland 6

Die Entwicklung der Stadtstaaten (1)

1. Von der Frühzeit der griechischen Geschichte berichten uns die griechischen Sagen.

In dieser Zeit wurden die griechischen Stadtstaaten von .... regiert. Diese Regierungsform bezeichnet man als .... Die Könige waren Heerführer, Priester, oberste Richter. Die besonders tüchtigen Krieger erhielten Landbesitz. So entstand der .... Die Griechen nannten die .... Aristoi, die Besten.

Staatsform: ....
Die Macht hat ....

2. In der Antike wurden allmählich die Adeligen immer mächtiger.

Ab etwa 1100 vor Chr. wird die Königsherrschaft von der Adelsherrschaft, der ...., abgelöst. Die Adeligen besaßen fast das gesamte Land. Die Bauern mussten es pachten und dafür Abgaben leisten. Sie hatten jedoch kein Mitspracherecht. Es konnte sogar passieren, dass man aufwachte und feststellte: Es ist Krieg. Der Adel hatte so entschieden.

Staatsform: ....
Die Macht hat ....

3. In der Zeit zwischen 750 v. Chr. und 540 v. Chr. entstanden viele Kolonien, weil die Bevölkerung wuchs und mehr Ackerland nötig war, um die Bevölkerung zu ernähren.
Benutze die Karte auf dem Arbeitsblatt Griechenland 1 (Seite 2)!

Auf Sizilien wurde etwa die Kolonie ...., in Italien wurden die Kolonien ...., ... und ...., in Frankreich ...., in Kleinasien .... und am Schwarzen Meer .... und .... gegründet.

Griechenland 6

Ausfuhr
Töpferwaren, Geräte, Waffen

Heimatstadt → Kolonie

Einfuhr
Sklaven, Getreide, Lebensmittel

Was findet zwischen Mutterstadt und Kolonie statt?

....

Die Kolonien belieferten die Mutterstadt mit:

....
....

4. Dieser Handel wirkte sich auf die Bevölkerung aus:
Streiche das Falsche und ergänze den Lückentext mit den richtigen Wörtern!

Die Kleinbauern der Mutterstadt konnten mit den billigen Einfuhren leicht/nicht mithalten. Der Preis des Getreides verfiel/stieg an, die Bauern wurden reich/verschuldeten sich. Auf den Äckern bauten sie prächtige Gehöfte/standen weiße Schuldsteine, so genannte Hypotheken.

- Töpferwaren
- Wein
- arm
- Bauern
- Geräte
- Waffen
- Handwerkern
- Kaufleuten
- reich
- Sklaven
- Oliven
- Mitspracherecht

Wenn die Bauern die Schulden nicht zahlen konnten, wurden sie zu .... Die Großbauern verlegten sich auf das Anpflanzen von .... und .... Da die Kolonien .... , ... und .... brauchten, ging es .... und .... gut. Manche wurden sehr .... und sie forderten mehr .... Jeden Moment konnten Unruhen ausbrechen, da die .... gewordenen .... die Abgaben nicht mehr leisten konnten.

5. Zu dieser Zeit (um 600 v. Chr.) wurde Solon in Athen Oberhaupt. Welche Reformen führte er durch? *Lies in einem Geschichtsbuch über Solon nach! Ergänze dann den Lückentext!*

Solon ließ die Gesetze .... und auf dem Marktplatz ausstellen. Alle mussten schwören, sie einzuhalten. Er .... die Schulden der Bauern und schaffte die Schuldsklaverei ab. Er schuf eine höchste Behörde, den .... , der für die Überwachung der Gesetze verantwortlich war. Er teilte die Bevölkerung in .... Steuerklassen auf. Wer mehr zahlte, hatte mehr Rechte. Alle freien Bürger Athens konnten an der .... teilnehmen, die die Gesetze beschloss und über Krieg und Frieden entschied.

Griechenland 7

Die Entwicklung der Stadtstaaten (2)

1. Solons Reformen waren der erste Schritt in Richtung Demokratie.

Sie beseitigten die Vormachtstellung des Adels. Den Gegensatz zwischen Arm und Reich hatten sie jedoch kaum gemildert.

In dieser Situation bemächtigte sich in den griechischen Stadtstaaten oft ein .... der Herrschaft. In Athen war es Peisistratos (560 v. Chr.). Die Tyrannen verwendeten ihre Macht zunächst zum Wohl des Volkes, bald aber gebrauchten sie Gewalt, um die Herrschaft nicht zu verlieren. Diese Alleinherrschaften der Tyrannen fanden nach einiger Zeit ein meist gewaltsames Ende (in Athen 510 v. Chr).

Staatsform: ....

Die Macht hat ....

2. Damit die Athener nie mehr ihre Freiheit verlieren konnten, schufen sie das .... **, den Ostrakismos.**

Was ist ein Ostrakon? Schlag in einem Lexikon nach und erkläre, was auf diesem „Stimmzettel" steht und wozu er diente!

....
....
....

3. Um 500 v. Chr. führten die Athener gegen das persische Reich einen 10-jährigen Krieg um ihre Freiheit.

Das Perserreich hatte die griechischen Stadtstaaten in Kleinasien unterworfen. Als die Bewohner von Milet sich auflehnten, schickte Athen Hilfe. Dafür wollten die Perser Athen bestrafen und sandten ein Heer nach Attika.
Die Athener schlugen das Perserheer erfolgreich in der Schlacht bei Marathon. An diesen Sieg erinnert bis heute der so genannte Marathonlauf.

Wer ist damals von Marathon aus wohin gelaufen? Warum? *(Nimm dein Buch oder ein Lexikon zur Hand!)*

4. 10 Jahre später führte der Perserkönig Xerxes eine starke Flotte und ein Landheer gegen Griechenland.

Die griechischen Stadtstaaten schlossen sich zu einem Seebund zusammen. Wegen eines Verrats gelang es den Spartanern nicht, die Perser bei den Thermopylen aufzuhalten. So wurde Athen niedergebrannt, Frauen und Kinder waren auf die Insel Salamis geflüchtet. In der Seeschlacht von Salamis (480 v. Chr.) besiegten die Athener die persische Flotte erneut und schließlich musste sich auch das Landheer zurückziehen. Die Freiheit der Griechen war erfolgreich verteidigt worden!

5. Nach dem Sieg über die Perser galt es, das wirtschaftliche und politische Leben Athens wieder aufzubauen.

Lies in deinem Buch über die Errichtung der Demokratie unter Perikles nach und ergänze den folgenden Lückentext!

Auf den Schiffen der attischen Flotte hatten Besitzlose als Ruderer geholfen, den Sieg über die Perser zu erringen. Nun verlangten sie die .... wie die Reichen.

Um 450 v. Chr. erhielt Athen durch Perikles eine neue Verfassung.

Sie verwirklichte die .... aller Vollbürger (das sind alle männlichen Bürger Athens über 20 Jahre ohne Rücksicht auf ihr Vermögen). Die öffentlichen Angelegenheiten wurden in der .... von allen Bürgern beraten und .... An der Spitze des Staates standen im Kriegsfall ein oder mehrere .... Perikles bekleidete dieses Amt 15-mal. Jeder Bürger konnte in jedes Amt gewählt werden. Damit die ärmeren Bürger ein Amt aber tatsächlich ausüben konnten, erhielten sie für die Zeit ihrer Tätigkeit für den Staat eine finanzielle .... , ein Taggeld.

6. In Athen gab es ca. 40 000 Vollbürger, die natürlich nicht immer alle bei einer Volksversammlung anwesend waren.

Für einen Beschluss benötigte man die Stimmenmehrheit, d.h. zumindest um .... Stimme mehr als die ....

Die Form von Demokratie, in der der Bürger, ohne von jemandem vertreten zu werden, seinen Willen kundtut, nennt man .... Demokratie.

Staatsform: ....
Die Macht hat ....

Ausschneidebogen

Demokratie in Athen

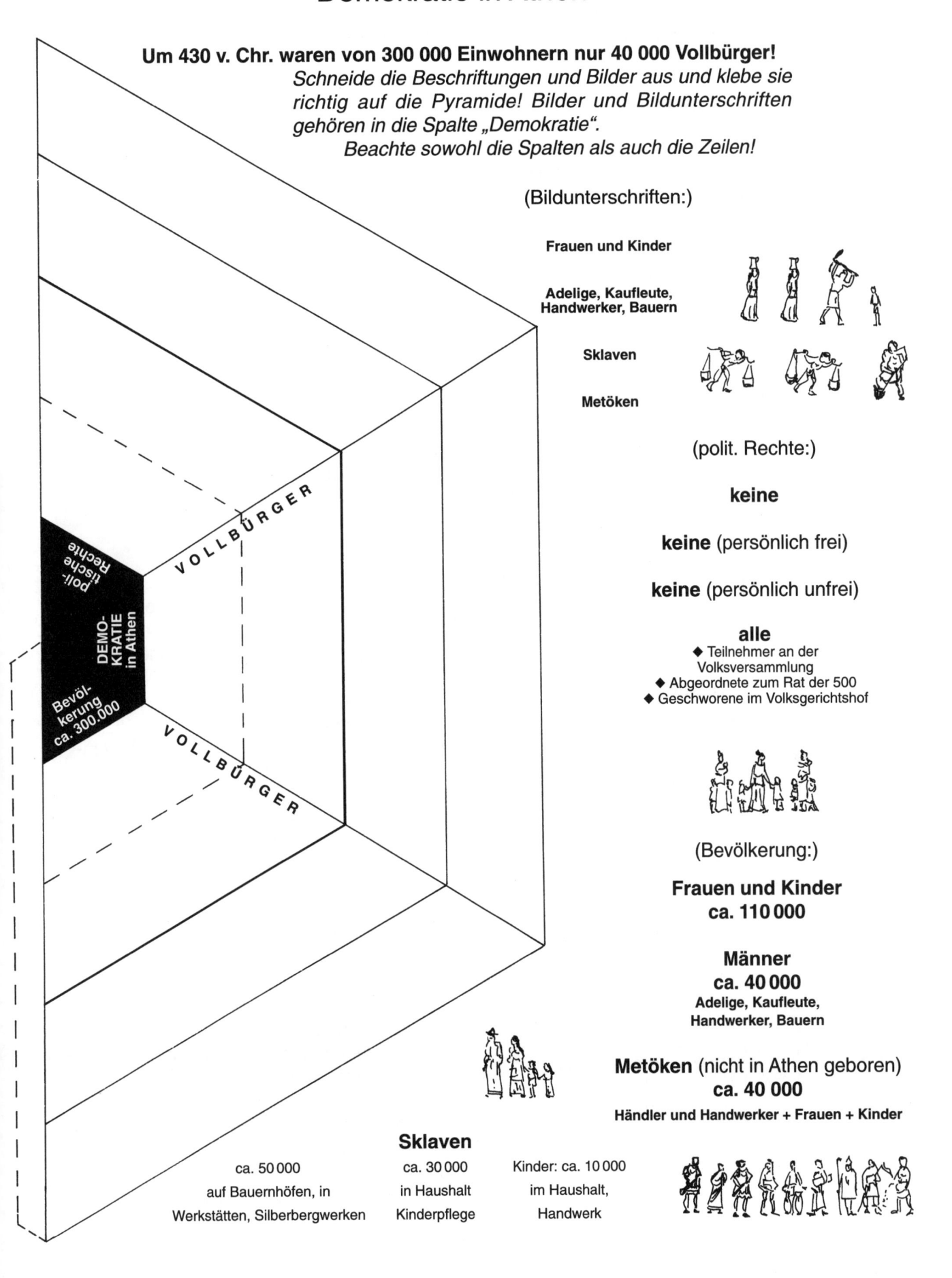

Um 430 v. Chr. waren von 300 000 Einwohnern nur 40 000 Vollbürger!
Schneide die Beschriftungen und Bilder aus und klebe sie richtig auf die Pyramide! Bilder und Bildunterschriften gehören in die Spalte „Demokratie".
Beachte sowohl die Spalten als auch die Zeilen!

(Bildunterschriften:)

Frauen und Kinder

Adelige, Kaufleute, Handwerker, Bauern

Sklaven

Metöken

(polit. Rechte:)

keine

keine (persönlich frei)

keine (persönlich unfrei)

alle
◆ Teilnehmer an der Volksversammlung
◆ Abgeordnete zum Rat der 500
◆ Geschworene im Volksgerichtshof

(Bevölkerung:)

Frauen und Kinder
ca. 110 000

Männer
ca. 40 000
Adelige, Kaufleute, Handwerker, Bauern

Metöken (nicht in Athen geboren)
ca. 40 000
Händler und Handwerker + Frauen + Kinder

Sklaven

ca. 50 000
auf Bauernhöfen, in Werkstätten, Silberbergwerken

ca. 30 000
in Haushalt Kinderpflege

Kinder: ca. 10 000
im Haushalt, Handwerk

VERITAS-Kopiervorlage

Kluppenkarte

Hinweis für LehrerInnen: Hier umknicken und Lasche nach hinten festkleben!

Kluppenspiel:
- Klemme am linken Kartenrand alle Kluppen an die richtige Stelle!
- Wenn du fertig bist, dreh das Blatt um! Stimmen die Zahlen überein? Nimm falsch zugeordnete Kluppen herunter und probiere es noch einmal!

Demokratie einst

5	STRATEGEN
4	RAT DER 500
2	VOLKSVERSAMMLUNG
3	ARCHONTEN
1	VOLKSGERICHTSHOF

Antwort Nr.
1. Rechtssprechung, keine Berufsrichter – jeder Vollbürger kann Geschworener sein
2. Gesetzgebung
3. oberste Beamte
4. oberste Regierungsbehörde
5. militärische Befehlshaber

Demokratie heute

10	PARLAMENT (= Nationalrat + Bundesrat)
6	BUNDESREGIERUNG
12	BUNDESPRÄSIDENT
11	BÜRGERINITIATIVE
7	GERICHTE
13	VOLKSBEGEHREN
8	VOLK
9	VOLKSABSTIMMUNG
15	BUNDESKANZLER
16	MINISTER
14	PARTEIEN

Antwort Nr.
6. Durchführung der Gesetze (Verwaltung)
7. Rechtsprechung, Berufsrichter = unabsetzbare, unabhängige Beamte
8. Wahl der Abgeordneten zum Nationalrat, Landtag, Gemeinderat und Wahl des Bundespräsidenten
9. Form der direkten Demokratie: Abstimmung über eine den Bürgern vom Nationalrat vorgelegte Frage
10. Gesetzgebung
11. Form der direkten Demokratie: Gruppe von Bürgern schließt sich zusammen, um ein Anliegen durchzusetzen, z. B. eine verkehrsberuhigte Zone zu schaffen
12. Vertretung des Staates nach außen, Oberbefehl über das Bundesheer
13. Form der direkten Demokratie: Wahlberechtigte Bürger treten mit ihrer Unterschrift für eine Sache ein. Ab 100 000 Stimmen muss das Anliegen im Parlament behandelt werden
14. bieten Programme für die Gestaltung der Politik an, entsenden nach der Wahl Abgeordnete
15. Leiter der Bundesregierung
16. Mitglieder der Bundesregierung, für bestimmte Ressorts (Bereiche) wie Wirtschaft, Finanzen usw. zuständig

Puzzle: Demokratie

Hinweise zum Arbeitsplan „Griechische Antike 2"

Wie bereits erwähnt halte ich es für wichtig, die SchülerInnen regelmäßig auch zur **Beschaffung von Informationen** aus entsprechenden Büchern anzuhalten. Die Vermittlung von Kompetenz im Beschaffen, Sichten und Ordnen von Information ist einer der wichtigsten Schritte auf dem Weg zu eigenständigem Lernen. So habe ich wie auf Arbeitsblatt 8, Seite 2, bewusst den Griff nach einem **Lexikon** (z. B. Pleticha, Geschichtslexikon. Kompaktwissen für Schüler und junge Erwachsene) oder **Geschichtsbuch** (z. B. Hammerschmid u. a., Meilensteine 2; Lemberger, Durch die Vergangenheit zur Gegenwart 2; Tscherne/Krampl, Spuren der Zeit 2) angeraten. Diese Bücher sollten den SchülerInnen also zugänglich sein. Eventuell kann man weniger geübten Klassen zur griechischen Kultur die nötigen Informationen auf zwei bis drei Blättern zusammenkopieren. In diesem Fall würde ich aber vorschlagen, dass die Informationssuche nicht völlig entfällt, d. h. innerhalb eines größeren Informationsangebots zum Thema Kultur sollten nur unter anderem die gewünschten Antworten enthalten sein.

Während des Arbeitens an dem Thema „Griechische Kultur" könnte man leise im Hintergrund **griechische Musik** laufen lassen, vielleicht auch eine Duftlampe mit einem typisch griechischen Duft – z. B. **Thymian** – aufstellen, um Lernen mit allen Sinnen zu ermöglichen. Neuere Ansätze des Lehrens und Lernens gehen vom Konzept multipler Intelligenzen aus. Während in herkömmlichen Intelligenztests (wie auch im Unterricht?) vorrangig verbale und mathematisch analytische Fähigkeiten gemessen werden, bleiben beispielsweise Bewegungsintelligenz oder musikalische, rhythmische Intelligenz unberücksichtigt. Menschen mit einer stark ausgeprägten Bewegungsintelligenz lernen gerne, indem sie Dinge mit den Händen herstellen, jene mit ausgeprägter rhythmischer Intelligenz haben beim Lernen gerne Musik im Hintergrund! Darüber hinaus bietet sich hier eine Möglichkeit, um **fächerübergreifend** zu arbeiten – vielleicht kann der Kollege/die Kollegin in Musik **griechische Musik/Tänze** in den Unterricht einbauen? In Bildnerischer Erziehung könnten die SchülerInnen aus Gipsverbandstückchen eine ihrem Gesicht angepasste Gipsmaske herstellen und diese anschließend künstlerisch zur **tragischen oder komischen Maske** ausgestalten. In Deutsch könnte ein kleines **griechisches Drama** erarbeitet werden. Somit wäre einem größeren Projekt Tür und Tor geöffnet!

Die Unterrichtseinheit über Alexander den Großen soll vor allem den **auditiven** Lerntypen entgegenkommen, bietet mit der Arbeit an der Landkarte aber auch **visuellen** Typen gute Speichermöglichkeiten.
Insgesamt werden für die Arbeit am Arbeitsplan „Griechische Antike 2" ca. 6 Stunden zu veranschlagen sein.

Vorbereitungen

♦ **Arbeits-, Informations-** und **Lösungsblätter** abziehen. Das Arbeitsblatt Griechenland 9 (Seite 80/81) sollte als A3-Kopie (Doppelseite) angefertigt werden.
♦ Der **Plan** von den Bauten auf der Akropolis (S. 76), die Vorlage für das **Puzzle** sowie die **Landkarte** „Der Kriegszug Alexanders des Großen" werden am besten auf farbiges Papier kopiert, anschließend foliert und ausgeschnitten. Für das Puzzle sind ca. drei Ausgaben erforderlich, vom Plan der Akropolis und der Landkarte würde ich so viele Exemplare auflegen, dass jeweils eines für drei bis vier Schüler vorhanden ist.
♦ Für das **Puzzle** kann natürlich auch eine farbige Vorlage (Poster, Foto aus Katalog, ...) verwendet werden (folieren, in ungleiche Teile zerschneiden)!
♦ **Bandolo-Vorlage:** Blatt ausschneiden, falten und folieren, Kerben einschneiden und Wollfaden einknüpfen. Drei Vorlagen genügen.
♦ **Kassetten** mit den Texten „Alexander der Große", „Die Weltstadt Alexandria und die hellenistische Kultur" (S. 85–87) besprechen.

Material, das die SchülerInnen benötigen

♦ Geschichteschulbuch, Lexika, Fachbücher wie „Was ist was – Band 64: Die Alten Griechen" als Handapparat zusammentragen (von SchülerInnen mitnehmen lassen, aus Büchereien entlehnen ...)
♦ Walkmen, Kassetten

Arbeitsplan: Griechische Antike 2

Pflicht / Wahl Sozialform	Material	Thema	Arbeitsaufgabe	Kontrolle	begonnen/ erledigt
! 👥	AB Griechenland 8, Geschichtsbuch, IB „Akropolis"	Griechische Kultur	◆ siehe Arbeitsblatt ◆ Nimm dein bzw. ein aufliegendes Geschichtsbuch oder Lexikon zu Hilfe!	SK	
✳ 👥👥	Collage – Material aus Reisebüros, Klebstoff, Schere	Griechische Kultur	◆ Bitte in einem Reisebüro um Informationsmaterial zu Griechenland! Vielleicht hast du auch zu Hause ein paar Bilder, die du kopieren kannst oder verwenden darfst? ◆ Gestalte ein Plakat zur griechischen Kultur!	LK	
✳ 👤	Puzzle	Baukunst	◆ Willst du wissen, wie die Akropolis früher ausgesehen hat?	SK	
✳ 👥	Zeichnung/Collage – Reisebürobroschüren	Theater	◆ Entwirf eine Szene aus einer Theatervorstellung – du kannst nur die Schauspieler zeichnen oder die Schauspieler und den Chor. Wenn du magst, zeichne auch die Zuschauer!	LK	
✳ 👤	Bandolo: Das griechische Theater	Theater	◆ siehe Bandolo		
! 👥	LÜK: Alltagsleben in Griechenland	Alltagsleben in Griechenland	◆ siehe Arbeitsblatt	SK	
✳ 👤✏	AB Griechenland 9	Szenen aus dem Alltagsleben	◆ Gib den Szenen die richtigen Zahlen!	SK	
! 👤✏	AB Griechenland 10, IB „Kriegszug Alexanders"	Peloponnesischer Krieg, Alexander	◆ Nimm die Landkarte „Der Kriegszug Alexanders des Großen" zur Hand! ◆ siehe Arbeitsblatt	SK	
! 🎧✏ 👥	Walkman, Kassette	Alexander der Große	◆ Hör dir den Text „Alexander der Große" an! ◆ Schreib dir nach dem Hören Fragen und Antworten über seine Jugend, den Gordischen Knoten, Alexanders Frage an Parmenion, Alexander als Gottkönig, den Sinn der zahlreichen Städtegründungen auf! Kontrolliere die Antworten, indem du das Band noch einmal abhörst! ◆ Such dir einen Partner/eine Partnerin, stelle deine Fragen und überprüfe seine/ihre Antworten!	SK/ LK	
! 👤🎧	AB Griechenland 11, Walkman, Kassette	Hellenismus	◆ Hör dir „Die Weltstadt Alexandria" an! ◆ siehe Arbeitsblatt	SK	

Griechenland 8

Die griechische Kultur

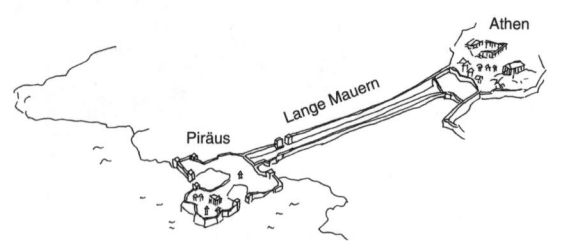

1. Der Aufschwung von Athen

Lange Zeit hatten die Athener das Meer eher als Feind betrachtet. Das unverwüstliche Zypressenholz, das sie aus Kreta importierten, verwendeten sie lieber für Götterstatuen als für den Schiffbau.
Der Philosoph Platon hat sogar gemeint, das Meer verderbe den Charakter der Menschen, da es sie mit Handelsgeist erfülle und gewinnsüchtig mache.
Im 5. Jahrhundert v. Chr. überzeugte jedoch ein Feldherr die Athener von der Notwendigkeit, in die Flotte zu investieren – und ermöglichte damit, dass die persische Flotte in der Schlacht von Salamis um 480 v. Chr. geschlagen werden konnte.
Zwischen 461 und 457 v. Chr. wurden die „langen Mauern" gebaut. *Wozu dienten sie?*

....

Wie hieß und heißt der Hafen von Athen? ....

Nach diesem Sieg (und dem Frieden mit den Persern) gelangte Athen zu politischer Macht über das Attische Seereich, das bis Ägypten und an die Ufer des Schwarzen Meeres reichte. Die neue Vormachtstellung brachte Athen wirtschaftlichen Aufschwung: Waren aus fremden Ländern liefen in den Häfen ein, viele Menschen kamen nach Athen, um Arbeit zu finden. Der Wohlstand wuchs. Der Staatsmann Perikles ließ die von den Persern zerstörten Tempel neu erbauen. Eine Blütezeit der griechischen Kunst und Kultur brach an.

2. Die griechische Klassik

Den heiligen Tempelbezirk Athens, die .... , besuchen jährlich tausende Touristen. *Unternimm auch du mit Hilfe des Informationsblattes „Akropolis" eine solche Besichtigung! Ordne die Abbildungen zu!*

Vom römischen Aufgang gelangen wir zuerst zu den .... , wo dorische und ionische Säulengänge nebeneinander stehen. Drehen wir uns um, erhalten wir einen eindrucksvollen Blick über Athen (Abbildung ....). Im Nordflügel dieses Gebäudes befand sich eine berühmte Gemäldegalerie. Als nächstes gelangen wir zum .... , dessen Fries zu den größten Meisterwerken griechischer Bildhauerkunst zählt. Die reitenden Figuren befinden sich heute allerdings zum größten Teil in Museen. Der Marmor dieses riesigen Tempels der Athene ist je nach Sonnenstand gelb, rötlich, bläulich und in der Nacht ganz weiß. (Abbildung ....)
Auf unserem weiteren Weg, der uns vorbei an Trümmerresten führt, verweilen wir als nächstes beim Erechtheion. Hier, am eigentlichen zentralen Ort der Anlage, befanden sich die ältesten Altäre und die Gräber der Urkönige. Das von sechs Mädchenstatuen gestützte Dach der nördlichen .... soll der Eingang zum alten Athene-Tempel gewesen sein. (Abbildung ....)
Wir kehren nun zum Ausgang zurück und betrachten, bevor wir die Stufen wieder hinabsteigen, noch den kleinen Tempel der flügellosen .... , der Siegesgöttin. Im 19. Jahrhundert wurden so viele Einzelteile dieses Tempels gefunden, dass er fast vollständig wiederaufgebaut werden konnte (Abbildung ....).

Griechenland 8

3. Schlag in deinem Geschichtsbuch/einem Lexikon nach, was es Wissenswertes über Baukunst, bildende Kunst, Wissenschaft und Theater der Griechen zu erfahren gibt!

Baukunst

Welchen berühmten drei Baustilen des griechischen Tempelbaus entsprechen diese Säulen?

....

Plastik und Malerei

Waren die griechischen Tempel auch in der Antike weiß?

....
....

Welcher berühmte Bildhauer schuf die 9 m hohe Statue der Pallas Athene auf der Akropolis von Athen? (Tipp: Er schuf auch die Zeusstatue in Olympia!)

....

Womit waren Giebeln und Fries des Parthenon (Tempel der Pallas Athene) geschmückt?

....

Wissenschaft

Was sollte man mit diesen Namen in Verbindung bringen?

Pythagoras (von Samos):

....

Archimedes (von Syrakus):

....

Hippokrates (von Kos):

....

Dichtkunst

Von welchem berühmten griechischen Dichter stammen die „Ilias" und die „Odyssee"?

....

Welche Form der Dichtkunst entstand in Griechenland?

....

Welche zwei Arten von Stücken wurden bei Theateraufführungen gespielt?

....

---

4. Zeichne eine Theatermaske auf ein Zeichenblatt!

Die Akropolis von Athen

Die Akropolis war ein hoch gelegener geschützter Mittelpunkt in zahlreichen griechischen Städten der Antike. Sie war später entweder Festung, Tempelbezirk oder Residenz eines Herrschers.

Die Akropolis von Athen ist der größte ummauerte Platz Attikas in mykenischer Zeit. Im 7. und 6. Jahrhundert v. Chr. war die Akropolis nicht mehr befestigter Wohnsitz der Herrscher, sie war allmählich zur Kultstätte Athens geworden. 480 v. Chr. zerstörten die Perser die ganze Anlage. Der Schutt der Ruinen wurde für die neue Burgmauer verwendet.

447 v. Chr. begann Perikles mit dem Neubau des Parthenons, zehn Jahre später wurden die Propyläen erbaut.

Die Bauwerke der Akropolis sind heute stark gefährdet, unter anderem wegen der Luftverschmutzung. Seit 1970 erfolgt eine systematische Restaurierung.

Die Akropolis von Athen wurde von der UNESCO zum Weltkulturerbe erklärt.

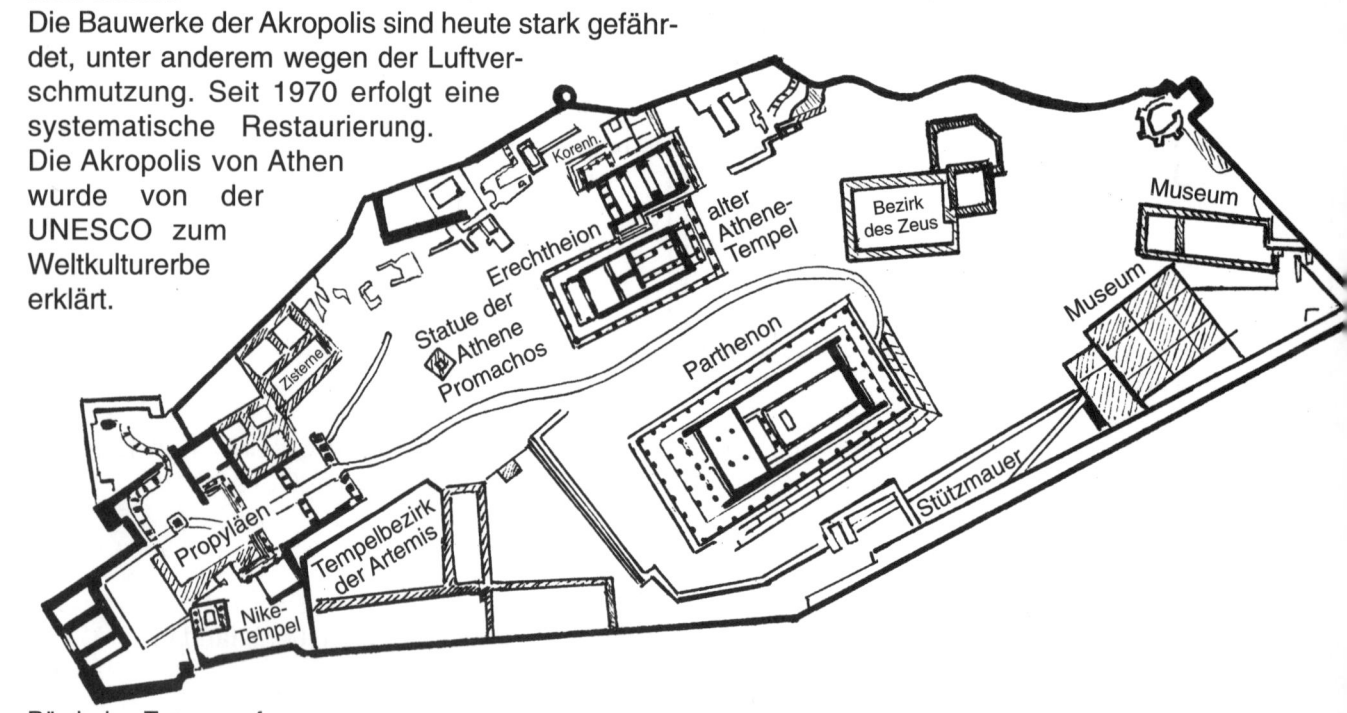

Römischer Treppenaufgang

Puzzle: Baukunst

Bandolo

Vorderseite — Loch für das Band — Hier umbiegen und zusammenkleben — Rückseite

BANDOLO
- Hol den Faden von der Rückseite her zur Kerbe 1!
- Verbinde Kerbe 1 mit der Kerbe des passenden Textes auf der rechten Seite!
- Spann den Faden zu Kerbe 2 und fahre entsprechend fort, bis alle Kerben verbunden sind!
- Leg den Faden durch die Zielkerbe!
- Dreh das Blatt um! Die Linien sollten mit den Wicklungen deines Wollfadens übereinstimmen. Wenn nicht, probiere es noch einmal!

Das griechische Theater

Nr.	Begriff	Beschreibung
1	Skene	steht in der Mitte der Orchestra
2	Orchestra	stellt Götter und Priester dar, nimmt neben dem Altar Aufstellung
3	Altar	Spiel mit tragischem/ernstem Ausgang
4	Chor	Bühnenhaus bestehend aus Bühnenwand mit drei Türen, durch die die Schauspieler auftreten. Dahinter lagen die Umkleidezimmer
5	Kothurne	in den Masken eingebaut, um die Lautstärke zu erhöhen
6	Dionysos	kreisförmiger Platz vor dem Bühnenhaus
7	Tragödie	Schuhe der Schauspieler mit dicken Korksohlen und hohen Absätzen
8	Sprachrohr	Spiel mit komischem/lustigem Ausgang
9	Komödie	von Männern dargestellt
10	Frauenrollen	Gott, dem die Spiele geweiht sind
11	Zuschauerraum	schreitet gegen Störenfriede ein, denn im Theater lassen die Zuschauer ihren Gefühlen freien Lauf
12	Theaterpolizei	beurteilt die Stücke
13	Preisrichter	Preis des Gewinners, der im Übrigen auch eine Geldsumme erhält
14	Efeukranz	wegen der Akustik in einen Berghang gehauen

Ziel

VERITAS-Kopiervorlage

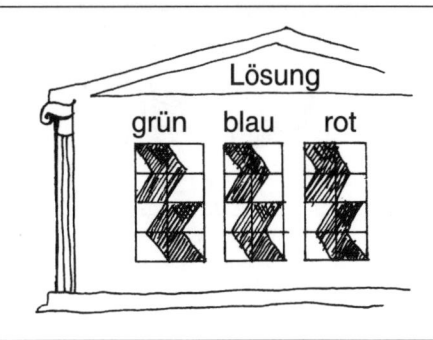

Das Alltagsleben der Griechen

Füge die Begriffe aus dem nebenstehenden Rahmen richtig in den Text ein!
Die Zahlen im Text bezeichnen das Feld des LÜK-Kastens, auf das das richtige Plättchen gelegt werden muss.

Die neben den Begriffen angegebenen Zahlen bezeichnen die jeweiligen Plättchen!

Luxus gab es bei den Griechen in Tempeln und öffentlichen Gebäuden. Die Wohnhäuser dagegen waren 1 . Sie waren aus 2 gebaut, hatten gegen die Straße keine Fenster und waren meist 3 , es gab aber auch zweistöckige Häuser. Die Wohnräume öffneten sich in einen offenen 4 . Die Räume waren ebenfalls schlicht eingerichtet. Es gab 5 für Kleider, einfache Sessel, aber auch 6 und natürlich 7 . Zu den Ruhebetten gehörte ein 8 sowie ein 9 . Männer nahmen nämlich das Essen 10 zu sich. Immer zwei Männer teilten sich ein Sofa und stützten sich dabei mit dem Ellenbogen ab, während Frauen beim Essen 11 . Man aß mit dem 12 und verwendete die Finger. Daher wurden vor und nach dem Essen 13 und Tücher gereicht. Die Hauptmahlzeit gab es, wenn die große Hitze vorbei war, 14 , und oft folgte Unterhaltung durch Jongleure, Schwerttänzer oder 15 . Es wurden schwere Weine getrunken, die mit 16 gemischt wurden. Dennoch musste am Ende solcher Gastmahle manch einer heimgetragen werden! Gab es solch ein Gastmahl, ein Symposion, zogen sich die Frauen in ihren Wohnbereich, das 17 , zurück. Die Frauen durften sich kaum in der 18 zeigen, selbst das Einkaufen wurde von Männern oder Sklaven besorgt! Die jungen Mädchen wuchsen sehr zurückgezogen auf, den Bräutigam wählten die 19 aus. Geheiratet wurde ab ca. 13 Jahren. Dann führten die Frauen das Haus, 20 Wolle und 21 die Kleidung, beaufsichtigten die Kinder, die mit Puppen und Tierfiguren aus 22 spielten. Die Knaben besuchten ab dem 7. Lebensjahr 23 , wo sie rechnen, schreiben, lesen, Flöte spielen lernten. Auch auf körperliche Ertüchtigung wurde großer Wert gelegt. Herr über alle Familienmitglieder war der 24 .

ebenerdig 7
schlicht 8
Innenhof 19
Tische 13
saßen 15
Truhen 5
Waschschüsseln 20
liegend 6
Lehnstühle 24
Lehmziegeln 23
Kissen 4
Löffel 3
abends 11
Öffentlichkeit 10
Eltern 1
Ton 22
Musikanten 17
Fußschemel 14
Gynaikon 21
webten 2
Wasser 12
spannen 16
Privatschulen 9
Vater 18

Lösung
grün blau rot

Alltagsleben in Griechenland

Schreibe die richtigen Zahlen zu den Abbildungen!

1 In öffentlichen Bädern wurde gebadet. Der Körper wurde mit einem Schaber gesäubert und nach dem Bad mit Öl eingerieben.

2 An einem Symposion nahmen nur Männer teil. Nach dem Essen traten Musikantinnen auf.

3 Gefäße und Küchengeräte

4 Die Einbrecher wurden „Mauerbrecher" genannt, das Durchstoßen der schwachen Mauern war einfacher als das Aufbrechen des Schlosses!

5 Die Miete wurde nicht bezahlt, deshalb wird bis zur Zahlung die Tür ausgehängt.

6 Sklavinnen beim Kornmahlen. Flötenmusik soll sie motivieren.

7 Sklavinnen legen von ihnen angefertigte Decken zusammen. Mit ihnen werden im Winter die Fensteröffnungen verhängt.

8 Junge Mädchen bei der täglichen Körperpflege: Die Haare werden geflochten und aufgesteckt.

9 Kinder beim Spiel mit Jojo und Reifen

10 Unterricht für Knaben: Leier spielen, Verse aufsagen

11 Küche und Feuerstelle

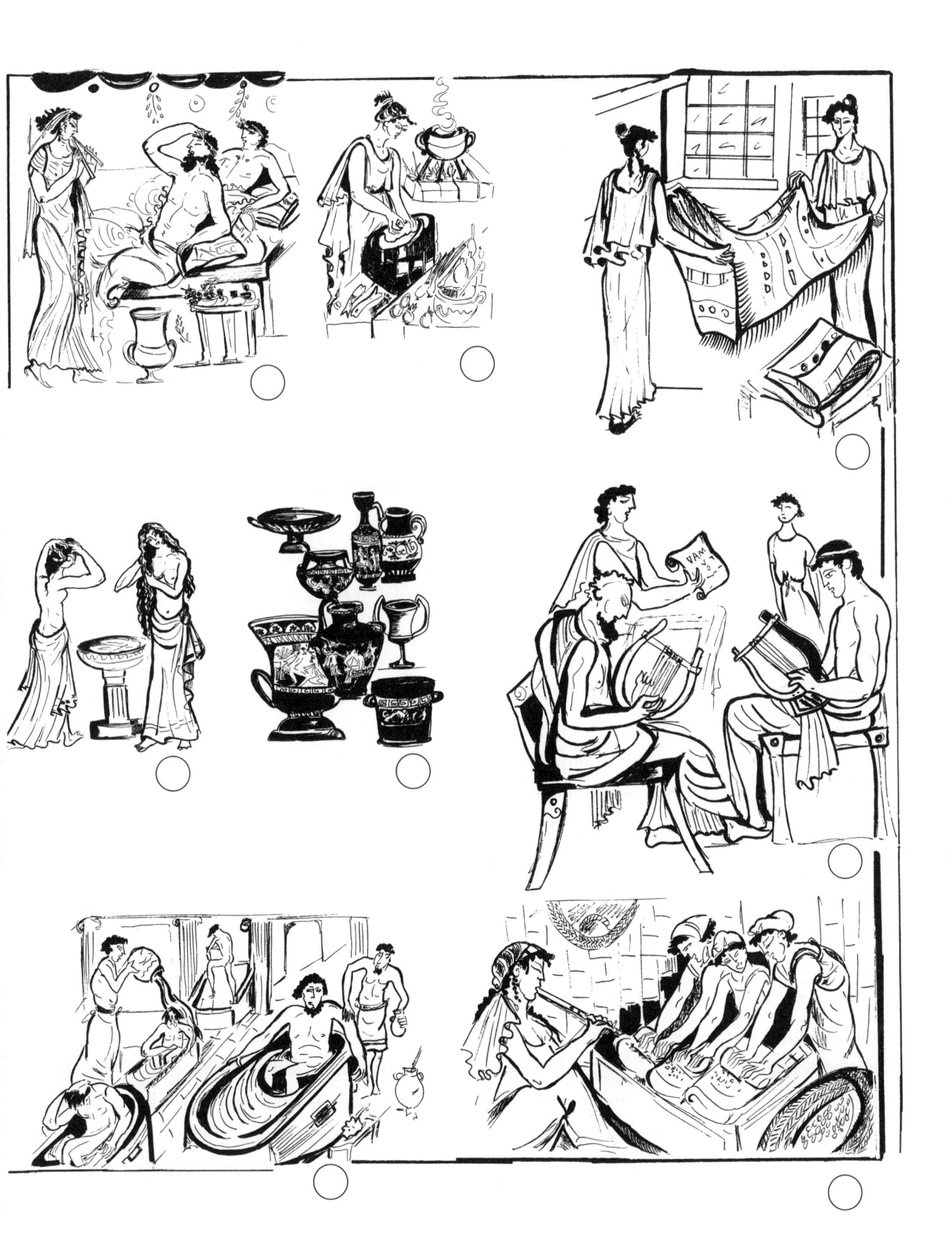

Griechenland 9

Der peloponnesische Krieg (431–404 v. Chr.)

Ergänze den Lückentext!

- öffentlichen
- Unzufriedenheit
- Handwerker
- Gewinner
- Wohlfahrtsstaat
- Händler
- der Große
- Untertanen
- gleichen
- überstiegen
- Aufgaben
- Diäten
- Taggeld
- Pest

Perikles hatte fast alle Einrichtungen geändert, um allen Vollbürgern Athens die _____ Rechte zukommen zu lassen. Die Beamten wurden ausgelost. Traf das Los einen Athener, der nur von seiner eigenen Arbeit lebte, weil er keine Sklaven besaß, bekam er ein _____ . Die Bezahlung entsprach dem Taglohn eines ungelernten Arbeiters, die Tätigkeit war aber ehrenvoller und Perikles schuf immer neue Posten. Etwa ein Drittel der Unbemittelten fand auf diese Weise Zugang zum _____ Dienst. Erstmals wurde die Versorgung der arbeitsunfähigen Bürger und der Waisen Sache des Staates, der auch die Finanzierung des Eintritts ins Theater für die ärmere Bevölkerungsschicht übernahm und ihnen dafür auch noch _____ zahlte. Dem Staat kamen _____ zu, die der Wohlfahrt der Bürger dienten. Perikles gestaltete den Staat in einen _____ aus. Großzügige Bauaufträge für den Wiederaufbau Athens schufen Arbeit für die _____ , durch die notwendigen Transporte aber auch für _____ . Die Summen, die der Staat verbrauchte, _____ daher die Einnahmen aus den Steuern und dem Verkauf der Bodenschätze. Deshalb verwendete Perikles Gelder des Attisch-Delischen Seebundes. Verbündete, die sich dagegen wehrten, wurden mit Waffengewalt niedergeworfen und verloren das Recht, sich selbst zu regieren. Sie wurden zu _____ . Der Wohlstand der Athener mehrte sich, Athen überflügelte Städte wie Ägina, Korinth, Megara im Handel. So gab es _____ im Seebund und schließlich einen furchtbaren Krieg. Im zweiten Kriegsjahr schleppte ein Getreideschiff aus Ägypten eine schreckliche Seuche, die _____ , in Athen ein, der auch Perikles erlag. Schließlich verlor Athen nach langen Kämpfen. Sparta siegte, wurde aber bald von Theben besiegt und verbündete sich nun sogar mit Athen, um Theben niederzuringen. Der Friede Griechenlands war dahin: Der ganze Peloponnes war in den Krieg verwickelt. Die eigentlichen _____ des Peloponnesischen Krieges waren somit die Perser, die die griechischen Städte in Kleinasien unter ihre Herrschaft zwangen, und das Königreich Makedonien. Philipp II. von Makedonien zwang die griechischen Staaten, sich zum Korinthischen Bund unter der Führung Makedoniens zusammenzuschließen, und bereitete als Bundesfeldherr einen Feldzug gegen die Perser vor. Er wurde jedoch 336 v. Chr. ermordet. Er war der Vater des Feldherrn, der als Alexander _____ Berühmtheit erlangen würde.

Alexander der Große (.......... – .... v. Chr.)

"Du weißt doch, dass du unbesiegbar bist!", sprach Pythia 336 v. Chr. zu Alexander in Delphi.
Ehrgeiz und Ideen machten ihn scheinbar unbesiegbar: Um nachts heimlich einen Fluss zu überqueren, wurden lederne Zelte mit Spreu gefüllt und so zu "Floßen" umfunktioniert.

1. Wie hieß Alexanders Vater?

....

2. In welchem Alter trat Alexander die Herrschaft in Makedonien an?

....

3. Ergänze die fehlenden geografischen Landschaftsbezeichnungen/Städtenamen!
Beachte die Jahreszahlen in der Karte! ⚔ = Zeichen für Schlacht

Jahr	Gebiet/Fluss/Stadt
334	.... : ⚔ Granikos
333	⚔ – Bei .... gab's 'ne Keilerei!
332	.... , Phönizien
	.... : .... – Oase Siwa – Memphis
331	Syrien, ... ; ⚔ von .... : „König von Asien"

Jahr	Gebiet/Fluss/Stadt
	.... : Babylon, Susien: .... Persien: ....
330	Medien: Ekbatana, ..., Parthien
329	Hindukusch/Baktrien, Kabul
326	.... : Umkehr
325	Susien: ....
323	.... Alexanders in ....

4. Verfolge den Kriegszug Alexanders auf dem Informationsblatt „Kriegszug Alexanders"!
Kannst du ihn in diese Karte übertragen?

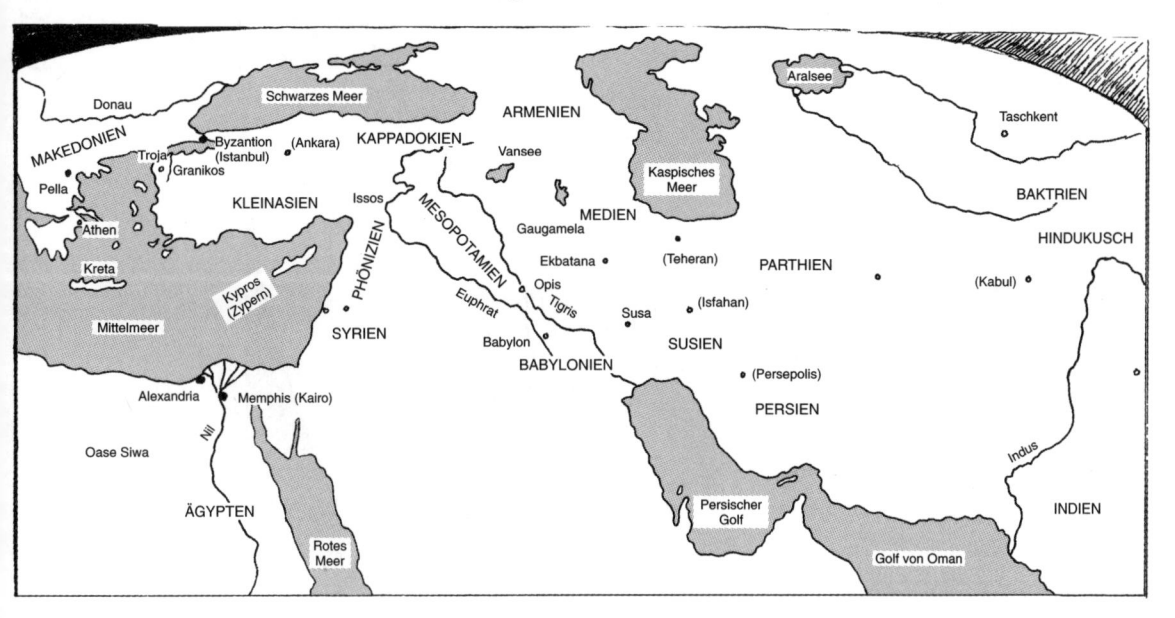

Kriegszug Alexanders

Der Kriegszug Alexanders des Großen

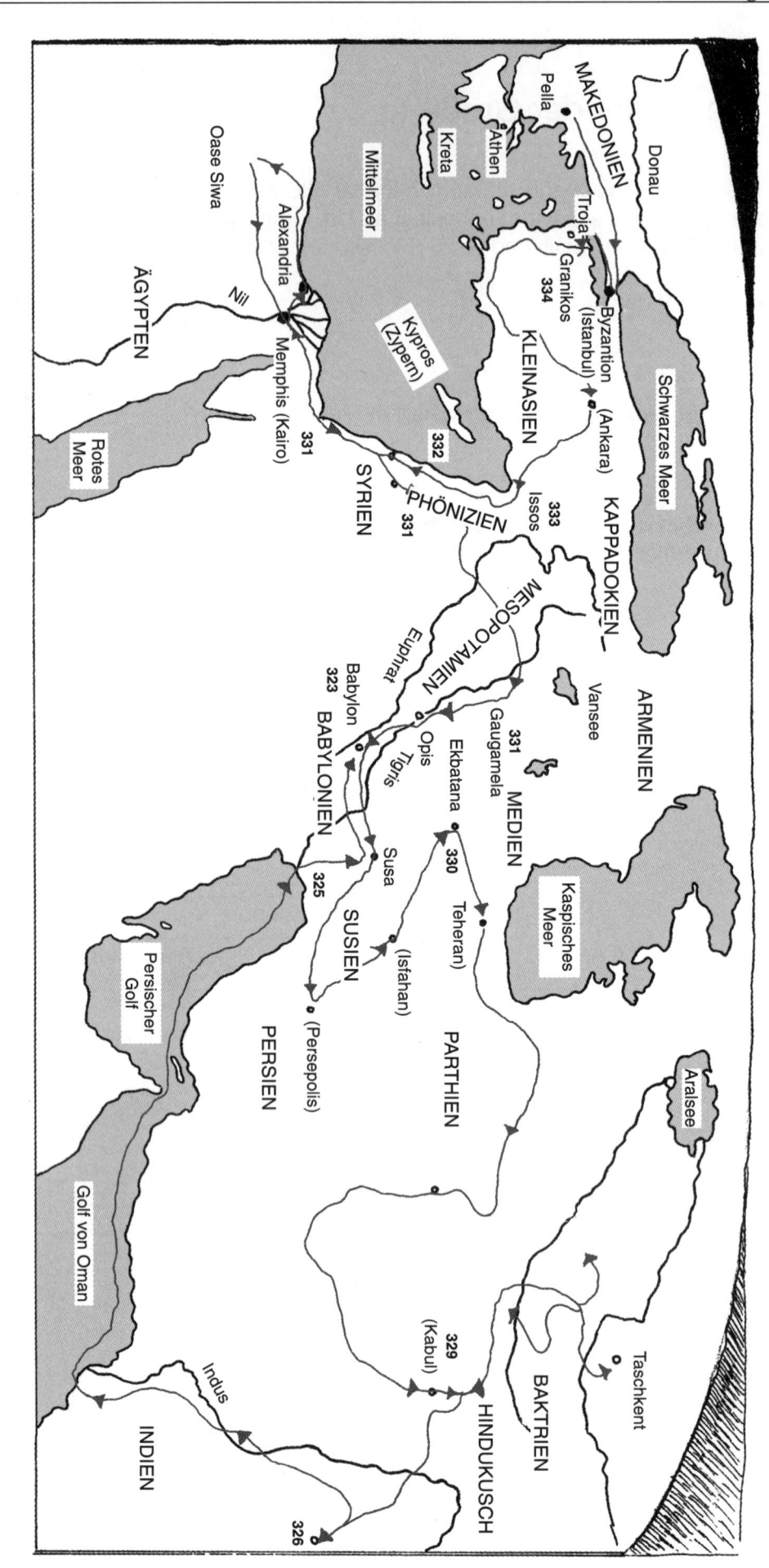

Alexander der Große

Der junge Alexander

Alexander wurde 356 v. Chr. geboren, sein Vater war Philipp II., König von Makedonien.
Schon früh erwies sich Alexander als hochbegabt. Er war gewandt und ausdauernd, im Reiten war Alexander ein Meister. Seine scharfe Beobachtungsgabe und seine Klugheit ermöglichten ihm, Bukephalos zu zähmen, ein prachtvolles Pferd, das keinen Reiter auf seinem Rücken duldete. Alexander hatte beobachtet, dass das Pferd vor seinem eigenen Schatten scheute, deshalb ritt er es anfangs nur gegen die Sonne. Bukephalos trug Alexander später in all seinen Schlachten.
Für Alexanders geistige Ausbildung wurde von König Philipp bestens gesorgt. Er engagierte den größten Gelehrten Griechenlands der damaligen Zeit, **Aristoteles**, als Lehrer für seinen Sohn. Philipp schrieb an den großen Philosophen: „Nicht, dass Alexander geboren ist, sondern dass er in deinen Tagen geboren ist, macht mich froh." Alexander war ein eifriger Schüler und von der Welt des Wissens, in die Aristoteles ihn einführte, begeistert. „Meinem Vater", rief er einmal aus, „verdanke ich mein Leben, meinem Lehrer, dass ich würdig lebe!"
Alexander war sehr ehrgeizig und schon früh wollte er selbst Taten setzen und Ruhm erlangen. Als sein Vater wieder einmal siegte, soll er gesagt haben: „Mein Vater wird noch die ganze Welt erobern und mir nichts zu tun übrig lassen!"
Alexander liebte die Erzählungen Homers über die griechischen Helden. Er wollte ein Held werden wie Achilleus. Es heißt, dass er die „Ilias" auf allen seinen Feldzügen in einem goldenen Kästchen mit sich führte.
Als König Philipp im Jahr 336 von einem Leibwächter ermordet wurde, war Alexander gerade 20 Jahre alt. Die von Philipp unterworfenen griechischen Gebiete wollten die makedonische Herrschaft wieder abschütteln und ihre Unabhängigkeit zurückerlangen. Doch schon erstürmte Alexander Theben, brannte die Stadt nieder und verkaufte die Einwohner als Sklaven. Die Athener baten daraufhin um Gnade und auch Sparta vermied einen Kampf.

Der unbesiegbare Feldherr

Alexander ließ sich – wie vor ihm sein Vater Philipp – von den Griechen zum Feldherrn gegen die Perser wählen.
Im Frühling des Jahres **334 v. Chr.** brach er mit einem eher kleinen Heer auf – es waren rund 35 000 Mann –, denn eine starke Streitmacht ließ er für den Fall von Unruhen in Europa zurück. Als er nach Kleinasien kam, besuchte er Troja, opferte dort den Göttern und hielt zu Ehren von Achilleus und der anderen Helden Wettkämpfe und Spiele ab. Dann zog er in Eilmärschen ostwärts. Am Flüsschen **Granikos** traf er auf ein persisches Heer. Obwohl seine Truppen schon müde waren, suchte Alexander sofort die Entscheidung. An der Spitze der makedonischen Kerntruppe stürmte er selbst über den Granikos. Die bessere Führung und Bewaffnung von Alexanders Truppen führten zum Sieg. Alexander selbst geriet im Kampf in Lebensgefahr: Ein Schlag hatte ihm den Helm gespalten. Als ein Perser mit der Streitaxt zum Hieb auf Alexanders Kopf ansetzte, schlug ihm Kleitos, sein Jugendfreund, den Arm ab und rettete Alexander das Leben.
Alexander war nun Herr über Kleinasien. Nun gedachte er nach Babylon aufzubrechen. Zuvor jedoch wollte er alle persischen Provinzen am Mittelmeer unterwerfen, um keinen Feind im Rücken des Heeres zurückzulassen. Außerdem konnte er damit den griechischen Söldnern, die auf Seiten der Perser kämpfen wollten, sowie den Erzschiffen aus Spanien und England die Häfen an der Mittelmeerküste versperren – und damit den Weg nach Persien.

In der Stadt **Gordion** verbrachte er den Winter. Auf der Burg stand ein alter Wagen, dessen Deichsel und Jochholz mit Baumbast so umwunden waren, dass weder der Anfang noch das Ende des Seiles zu sehen waren. „Wer diesen Knoten löst, der wird der Herr Asiens", besagte ein alter Orakelspruch. Alexander versuchte sein Glück, aber das Entknoten war unmöglich. So löste er den Knoten auf seine Weise: Er nahm das Schwert und schlug ihn durch!
333 – Bei Issos gab's 'ne Keilerei! In Issos trat nun König Dareios III. Alexander entgegen. Lange blieb der Kampf unentschieden, doch schließlich siegten die Makedonier. Dareios III. flüchtete, doch seine Mutter, seine Frau und seine beiden Töchter gerieten in Gefangenschaft.
Für die Griechen bedeutete Issos das Ende aller Hoffnung, ihre Freiheit wiederzuerlangen. **Syrien** und **Phönizien** ergaben sich kampflos, bis auf die Stadt Tyros, die sieben Monate belagert werden musste. Nun drang Alexander nach **Ägypten** vor, wo er als Befreier von den Persern mit Jubel empfangen wurde.
In der Oase **Siwa**, einem Heiligtum der Ägypter, begrüßten ihn die Priester als Sohn des Gottes Amun. Das Zeusorakel der Oase weissagte ihm Unbesiegbarkeit und Alexanders Ansehen – auch unter seinen eigenen Truppen – wuchs.
Am westlichen Mündungsarm des Nils gründete

Alexander die Stadt **Alexandria.** Dann zog er über Syrien und Mesopotamien ins **persische Kernland,** um Dareios endgültig zu besiegen. Dieser bot Alexander alles Land westlich des Euphrats – also Syrien, Kleinasien, Ägypten und Palästina – an und versprach ihm seine Tochter zur Frau. Alexander fragte seinen Freund und Feldherrn Parmeion: „Würdest du dieses Angebot annehmen?" Parmeion antwortete: „Ich würde zugreifen, wenn ich Alexander wäre!" „Ich auch, wenn ich Parmeion hieße!", meinte darauf Alexander und wies die persischen Gesandten ab.

In der Schlacht von **Gaugamela** siegte Alexander über Dareios III., der abermals flüchtete, aber bald darauf von einem Satrapen ermordet wurde. Alexander wurde noch auf dem Schlachtfeld zum „König von Asien" ausgerufen. Die Königsstädte **Babylon, Susa, Persepolis** und **Ekbatana** ergaben sich kampflos. Die Beute, die Alexander dabei machte, war unermesslich. In Persepolis ließ Alexander den Königspalast in Flammen aufgehen – als späte Rache für die Zerstörungen, die einst Xerxes an den Tempeln Athens angerichtet hatte. Damit beendete er den Rachefeldzug gegen die Perser. Die Truppen des Hellenischen Bundes wurden reich beschenkt in die Heimat entlassen.

Der ehrgeizige Eroberer

Alexander wollte sich jedoch nicht zur Ruhe setzen, er wollte *noch* weiter nach Osten vorstoßen. Eine völlig neue Welt zu schaffen, ein Reich, das in Asien seine Hauptstadt bekommen würde: Das war sein Ziel. Er änderte die Kleidung, indem er Bestandteile der Persertracht übernahm, ließ sich als Gott verehren und führte die Proskynese – die Huldigung durch das Küssen des Bodens zu Füßen des Herrschers – ein. Auch übernahm er viele Perser in das Heer. All dies verbitterte viele seiner griechischen und makedonischen Kampfgefährten, die sich als Griechen in ihrer Würde verletzt fühlten.

Alexander aber duldete keinen Widerspruch. Er wollte einen neuen Staat aufbauen, in dem alle Völker seines großen Reiches eine Einheit bilden sollten. Wer sich nicht fügte, wurde beseitigt. Sobald er den Verdacht hegte, dass jemand an einer Verschwörung gegen ihn beteiligt war, ließ Alexander ihn ermorden – selbst seine engsten Vertrauten. Sogar Kleitos, der ihm am Granikos das Leben gerettet hatte, wurde wegen einer zu freien Bemerkung von Alexander, der getrunken hatte, im Zorn mit dem Schwert getötet. Erst als er den Freund blutüberströmt vor sich liegen sah, erwachte er aus seiner blinden Wut. Aber seine Verzweiflung und seine Reue, die ihn fast in den Selbstmord getrieben hätten, kamen zu spät.

Alexanders Ehrgeiz und unstillbarer Machthunger trieben ihn nach Osten, er unterwarf viele Nomadenvölker und kam bis nach **Indien.** Die feuchte Hitze Indiens und der Tropenregen setzten Alexanders Soldaten jedoch sehr zu. Sie wollten umkehren. Drei Tage rang Alexander – eingeschlossen in seinem Zelt – mit der Entscheidung, bis er schließlich unter dem Jubel seiner Truppen bekannt gab, dass er nach sechs Jahren den Heimweg nach Susa, der persischen Hauptstadt, anzutreten gedenke.

Der Städtegründer

Alexander hatte durch seine Eroberungszüge ein Reich geschaffen, das etwa fünfzigmal so groß war wie Makedonien. Dieses Reich zu sichern war eine schwierige Aufgabe. Wichtigste Stütze war dabei das Heer. Ergebenen Satrapen ließ er ihre Ämter, unterstellte sie aber der Aufsicht makedonischer Besatzungstruppen. Um das Griechentum zu verbreiten, gründete er **Städte.** In ihnen siedelte er griechisch-makedonische Bürger an, teils ausgediente Soldaten, teils griechische Einwanderer. Nach und nach verschmolzen sie mit der freien einheimischen Bevölkerung. In den Städten mischte sich griechisches und orientalisches Wesen zur **hellenistischen Kultur.** Alexander förderte die Verschmelzung, indem er Eheschließungen zwischen seinen Soldaten und Perserinnen förderte. Er selbst und viele seiner Offiziere heirateten persische Prinzessinnen – auf der **Massenhochzeit von Susa.**

Der Tod Alexanders des Großen

Noch einmal schmiedete Alexander neue Pläne. Er wollte Arabien erschließen, Babylon zur Hauptstadt seines Großreiches machen und eine dauernde Handelsbeziehung mit Indien herstellen. Mitten in den Vorbereitungen zur Errichtung dieses Weltreiches überfiel Alexander jedoch ein heftiges Fieber. Vermutlich war er an Malaria erkrankt. Er starb am 13. Juni 323, noch keine 33 Jahre alt, in Babylon.

Der Zerfall des Reiches

Alexander hatte auf seinem Sterbebett geahnt, dass es nach seinem Tod blutige Kämpfe geben würde. Das Reich zerfiel in mehrere Teile, die von Alexanders Feldherrn regiert wurden. Man nennt diese Nachfolger **Diadochen.** Der Ausdruck „Diadochenkämpfe" wird auch heute noch verwendet. Man versteht darunter die Auseinandersetzungen mehrerer Widersacher nach dem Tod eines großen Mannes.

Die Weltstadt Alexandria

Hippodamus aus Milet war der Städtebaumeister Alexanders. Er hatte seinen Herrn gut beraten. Nach seinem Vorschlag sollte die neue Stadt am westlichsten Mündungsarm des Nils gegründet werden.

Das Herz Alexandrias war der **Hafen**. Beruhigt konnten die Kauffahrer aufatmen, wenn sie den Leuchtturm der Insel Pharos erblickten. Das 160 m hohe, mit weißem Marmor verkleidete Bauwerk wies ihnen einen sicheren Weg in den schützenden Hafen. Des Nachts war das Leuchtfeuer des Turmes 50 km weit zu sehen. (Dieser Leuchtturm gilt als eines der Weltwunder der Antike.) Im „Großen Hafen" lagen Frachtschiffe aus drei Erdteilen vor Anker. Dazwischen glitten flinke Ruderboote hin und her und geschäftstüchtige einheimische Händler priesen von flachen Kähnen aus die Erzeugnisse des Landes an.

Welches Leben und Treiben herrschte erst an den Landungsstegen! Ägypter, Griechen, Araber, Perser, Afrikaner, Syrer und Juden standen handelnd und feilschend in Gruppen beisammen oder eilten geschäftig dem nahen Marktplatz zu. Trotz des Völkergemisches gab es bei den geschäftlichen Verhandlungen keine Schwierigkeiten in der Verständigung, denn fast alle verstanden Griechisch und viele konnten es auch sprechen.

Eben verließen zwei Handelsherren aus Tyros über den schwankenden Laufsteg ihr Schiff. Ihre spitzen Hüte, die faltenreichen, bodenlangen Gewänder und ihre schwarzen Ringelbärte kennzeichneten sie als Phönizier. Sie verschwanden in einem mehrstöckigen Haus, das einem reichen Kaufherrn gehörte. Was werden sie ihm anbieten? Wein, Öl und Honig aus den Küstengebieten Kleinasiens oder Schafwolle und Teppiche aus Syrien? Zinn aus Britannien oder baltischen Bernstein? Elfenbein und Edelhölzer aus Afrika? Weihrauch und Myrrhe von den Küsten Arabiens, Perlen vom Persischen Golf oder gar Diamanten und Edelsteine aus Indien? Seit kurzem bringen arabische Händler sogar Gewürze aus Hinterindien und Seide aus China nach Tyros!

In Alexandria wurden nicht nur Waren gehandelt, sondern auch Waren erzeugt. Papyrus, das wichtigste Schreibmaterial der hellenistischen Zeit, und verschiedene Luxusartikel aus Glas stellte man in eigenen Großbetrieben her. Hunderte Sklaven arbeiteten in weiten Hallen unter der Leitung griechischer Aufseher. Besonders geschätzt im ganzen Mittelmeerraum aber waren die kostbaren Goldschmiedearbeiten aus Alexandria. Hier wurden auch allerlei Mittel zur Schönheitspflege wie wohlriechende Salben und duftende Essenzen hergestellt.

Alexandria hatte aber mehr aufzuweisen als ein geschäftiges Handelsleben. Die schachbrettartig angelegten Straßen boten Platz für Wagen und Fußgänger und noch für so manchen Handwerker, der sein Gewerbe vor seinem Laden unter freiem Himmel ausübte. Die beiden Hauptstraßen der Stadt waren 30 m breit. An ihnen standen Tempel, Säulenhallen, Brunnen und Bäder aller Art und ein Gymnasium.

Im Norden der Stadt lag die **königliche Burg** inmitten weiter Parkanlagen, in denen seltene Pflanzen gezogen und fremdländische Tiere gehalten wurden. Nicht weit davon erstreckten sich das Museion und die Bibliothek, die Stätten der Gelehrsamkeit.

Im Museion fanden die berühmten Gelehrten eine gastliche Heimstatt. Sie waren durch ein fürstliches Gehalt aller materiellen Sorgen enthoben, wohnten und aßen im Museion und konnten sich so ganz der Wissenschaft und der Forschung widmen. Die Bibliothek von Alexandria war die reichhaltigste der damaligen Zeit. Auf mehr als 500 000 Papyrus- und Pergamentrollen, jede sorgfältig um einen Stab gewickelt und mit dem Titel des Werkes und dem Namen des Verfassers versehen, war das gesamte Wissen der damaligen Zeit aufgezeichnet. 120 Papyrusrollen allein umfasste das alphabetische Inhaltsverzeichnis! Wer wissbegierig war, konnte sich schnell jedes gewünschte Werk bringen lassen. In einem eigenen Schreibsaal wurden von geschickten Schreibsklaven Abschriften angefertigt, die von gelehrten Schulen anderer hellenistischer Städte bestellt worden waren. Mit Interesse lauschten in einer hellen, säulengeschmückten Halle Jünglinge und Männer aus vielen Städten und Ländern den Gelehrten.

Die **Geografie** verdankt Alexander dem Großen bedeutsame neue Erkenntnisse. Auf seinen Befehl waren Gelehrte bis zu den Quellen des Nils vorgedrungen und hatten die Ursache für sein alljährliches Anschwellen gefunden. In einem besonderen Saal des Museions wurden Besuchern Landkarten gezeigt, die Alexander hatte anfertigen lassen. Auf ihnen waren die neuesten Entdeckungen berücksichtigt und der gesamte Mittelmeerraum annähernd richtig eingezeichnet. Die Gelehrten berechneten ziemlich genau den Umfang der Erde und vermuteten schon, dass die Erde sich um die Sonne bewege.

Die hellenistische Kultur

Die Mittelpunkte der neuen Kultur waren die auf Befehl Alexanders gegründeten **Städte**. Dorthin zogen viele Auswanderer aus dem griechischen Mutterland oder den Küstenstädten Kleinasiens. Hauptsächlich waren es Krieger, die in den neuen Staaten Asiens und Ägyptens als Söldner dienten oder als Beamte, Techniker, Schriftsteller, Künstler, Handwerker und Geschäftsleute tätig waren. Sie alle vermittelten griechische Sprache und Kultur und lernten mancherlei von ihrer neuen Umgebung. Alsbald bildeten sich in diesen hellenistischen Städten die Merkmale einer griechischen Polis heraus: Volksversammlung, gewählter Stadtrat und gewählte Beamte. Die umfangreichen Münzprägungen Alexanders und seiner Nachfolger förderten das wirtschaftliche Leben. Anfangs gingen die Erzeugnisse von Griechenland in den Orient. Bald aber war es umgekehrt. Die Länder des Orients traten in Wettbewerb mit Griechenland. Der Rohstoffreichtum und die billigen Arbeitskräfte des Morgenlandes kamen ihnen dabei sehr zustatten. Außer mit Papyrus, Teppichen, Glas, Leinen und Getreide wurde auch mit Elfenbein, Edelhölzern, Weihrauch, Perlen, Edelsteinen, Gewürzen, Baumwolle und Seide gehandelt.

Pergamon und Alexandria wurden zu Zentren der Kunst.

(Aus: Alexander Novotny (Hrsg.), Menschen und Völker im Wandel der Zeiten, 2. Klasse AHS, Eisenstadt, Graz, Wien: Rötzer o. J., S. 67–70 und 72/73)

Griechenland 11

Der Hellenismus

Alexander gründete an günstig gelegenen Stellen Städte. Für den Städtebau war die griechische Polis, vor allem Athen, Vorbild. In diesen Städten ließen sich viele Orientalen, aber auch Griechen als Kaufleute, Handwerker, Händler, Beamte, Gelehrte nieder. Sie führten ihr Leben nach griechischer Sitte weiter. So verschmolzen im Laufe der Zeit griechische, ägyptische, babylonische, persische und indische Kulturgüter.
Die hellenistischen Städte waren viel größer und prunkvoller als Athen.

1. Betrachte den Stadtplan der ägyptischen Hafenstadt Alexandria und hör dir „Die Weltstadt Alexandria" an!

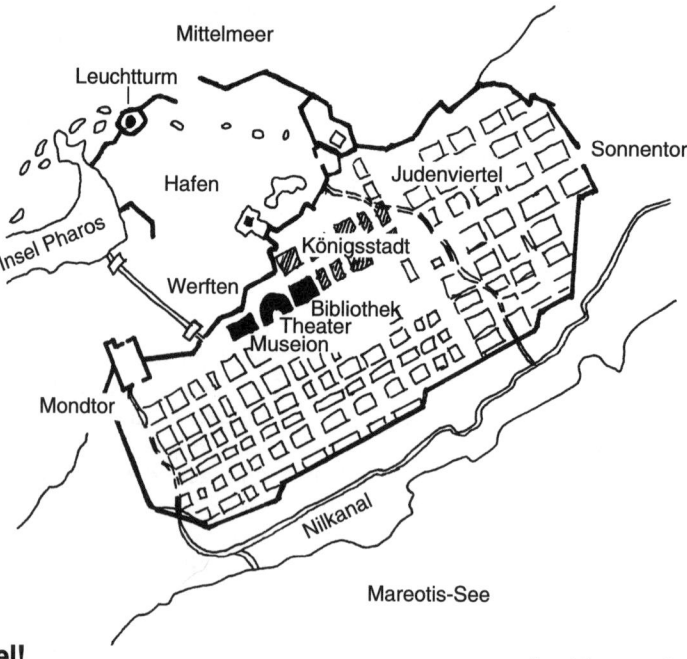

2. Löse das Kreuzworträtsel!

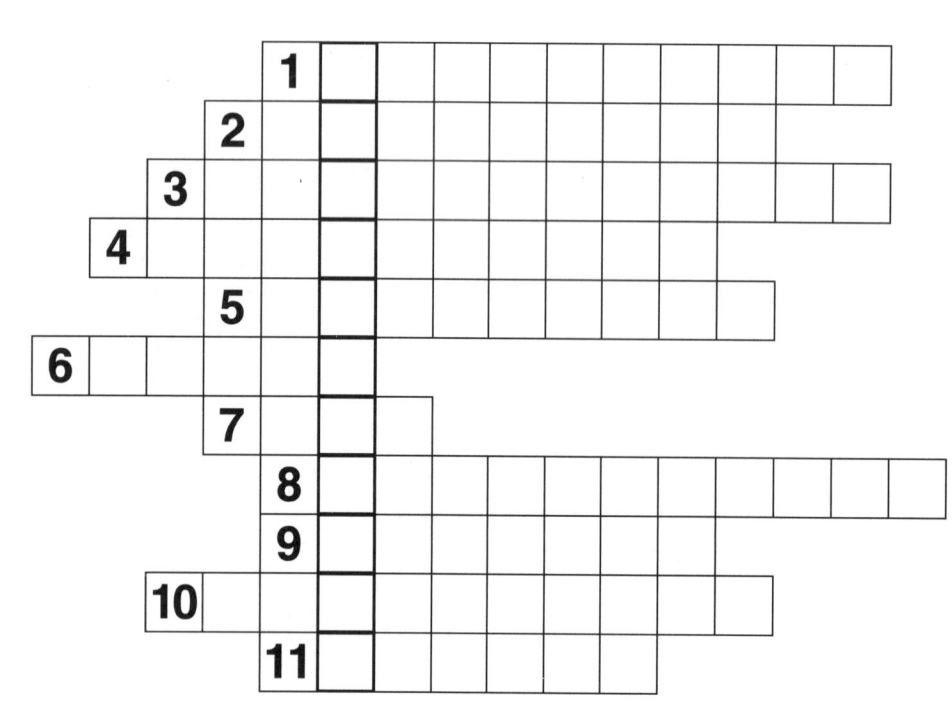

1 Name des Städtebaumeisters Alexanders
2 Material der Schriftrollen der Bibliothek
3 Handwerker in Alexandria, die kostbare Luxusartikel erzeugen
4 „Wissensspeicher" Alexandrias
5 Handelsware aus Arabien (wird auch heute bei uns für den Gebrauch in Kirchen eingeführt)
6 Herz Alexandrias
7 Wichtige Erkenntnisse über diesen Fluss wurden gefunden
8 Die Straßen Alexandrias sind angelegt wie ein …
9 Forschungsstätte Alexandrias
10 Weltwunder der Antike (Alexandria)
11 Schönheitspflegemittel aus Alexandria

Griechenland 11

2

3. Berühmte Kunstwerke des Hellenismus

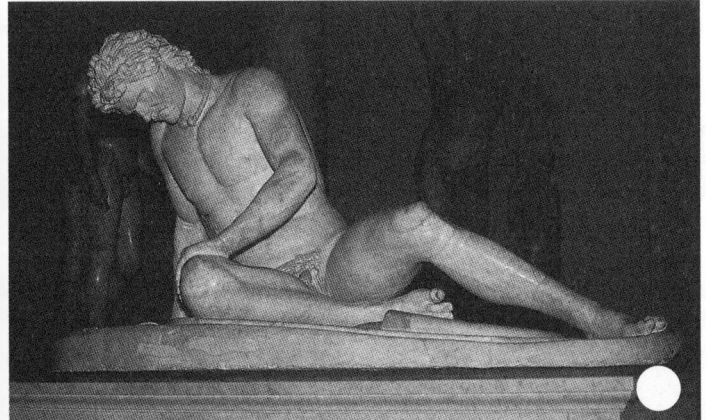

Ordne richtig zu!

1 Reliefdarstellung mit der Jagdgöttin Artemis (auf einem hellenistisch-römischen Sarkophag)
2 Der Tod des Laokoon und seiner Söhne. Sie wollten die Trojaner vor ....
.... warnen! (Diese Figurengruppe steht heute in Rom.)
3 Kampf der Götter gegen die Riesen, Relief auf dem Altar von Pergamon (heute in Berlin)
4 Sterbender Gallier, hellenistisch-römische Nachbildung einer Figur auf dem Altar von Pergamon
5 Leuchtturm von Alexandria (Weltwunder der Antike, Rekonstruktionszeichnung!)

Hinweise zum Arbeitsplan „Griechische Antike 3"

Der Arbeitsplan „Griechische Antike 3" dient der Festigung und Wiederholung des Erlernten und dem Gewinnen eines Überblicks über die griechische Antike. Für die Arbeit an ihm sollten den Kindern 1–2 Unterrichtsstunden zur Verfügung stehen.

Nach Beendigung der Arbeit am Plan „Griechische Antike 2" ist es günstig, die SchülerInnen darauf hinzuweisen, dass damit die Arbeit an der griechischen Geschichte beendet ist und nun eine Wiederholungsphase folgt, die mit einem Test bzw. einer schriftlichen oder mündlichen Wiederholung endet, weshalb sich die SchülerInnen bereits auf die kommende(n) Stunde(n) entsprechend vorbereiten sollen. Schließlich geht es bei den Spielen ja auch um einen Wissenswettbewerb. Gerade in diesem Bereich, wo Erlerntes gefestigt werden soll, erweisen sich Spiele als überaus sinnvoll, weil sie motivierend sind und außerdem der Stoff in Fragen und Antworten noch einmal akustisch aufbereitet wird, wobei jeder beteiligt ist.

Was nun die abschließende Wiederholung der griechischen Geschichte (Seite 107f.) anbelangt, wähle ich im Allgemeinen die zweite Variante – die schriftliche und mündliche Wiederholung, weil die SchülerInnen erfahrungsgemäß unterschiedlich gut mit schriftlichen und mündlichen Prüfungsverfahren zurechtkommen. Ich biete daher beides an, mache zu Beginn der Stunde in 10–15 Minuten die schriftliche Wiederholung und verwende den Rest der Stunde, um den Stoff noch einmal mündlich in Form eines Frage- und Antwortspiels zusammenzufassen. Hierfür kann man Fragen aus dem Bohnenquiz, aber auch die Abbildungen aus dem Bingospiel bzw. von den Quartettkarten, die man nur vergrößern und folieren und entsprechend zerschneiden muss, verwenden. Wichtig dabei ist mir persönlich, chronologisch vorzugehen und den Überblick über die unterschiedlichen Perioden der griechischen Geschichte abschließend noch einmal deutlich herauszuarbeiten. Ich beurteile die schriftliche und mündliche Leistung jeweils nur mit Plus (+) oder Minus (–) bzw. Plus/Minus (+/–). Beide Ergebnisse fließen gleichwertig in die Leistungsbeurteilung ein.

In der schriftlichen Wiederholung sind bewusst keine Fragen enthalten, die eine umfangreichere Beantwortung nötig machen würden. Die SchülerInnen gehen dabei sehr unterschiedlich ins Detail, womit eine gerechte Beurteilung – berücksichtigt man die zur Verfügung stehende Zeit – schwierig wird. Im Zweifelsfall greife ich auf die Laufdiktattexte zurück, die in komprimierter Form das Wesentliche wiedergeben. Die SchülerInnen wissen dann allerdings, dass ein Laufdiktattext in der schriftlichen Wiederholung enthalten sein wird.

Vorbereitungen

◆ Das **Bohnenquiz**, das **Quartett** sowie die **Lösungstafeln**, **Buchstabenkärtchen** und **Drehscheiben** der Bingospiele samt den zugehörigen **Spielanleitungen** auf farbiges Papier kopieren, folieren, ausschneiden!
◆ Die Pfeile fürs Bingo auf den **Drehscheiben** mit Splinten befestigen.
◆ Arbeitsplan und das Angabeblatt für Bingo „**Wann war das?**" in Klassenstärke abziehen.
◆ Zehn Angabeblätter für Bingo „**Was ist das?**" vorbereiten.
◆ Lösungsblatt für den **Folientext** mit neonrosa Stift nicht vergessen!

Arbeitsplan: Griechische Antike 3

Pflicht / Wahl Sozialform	Material	Thema	Arbeitsaufgabe	Kontrolle	begonnen/ erledigt
✳ 👥 👥👥 👥👥👥	Bohnenquiz, Glas mit Bohnen	Überblick „Griechische Geschichte"	◆ Ihr könnt das Spiel zu zweit, zu dritt, zu viert spielen! ◆ Die „Bohnen" verraten euch den Schwierigkeitsgrad der Frage: ● leicht ●● mittel ●●● schwer ◆ Legt die Kärtchen mit der Frageseite nach oben auf einen Stapel! Jeder Spieler erhält 10 Bohnen. Der Rest verbleibt der „Bank". Der jüngste Spieler beginnt! ◆ Der Spieler vor ihm hebt das erste Fragekärtchen ab und fragt nach dem gewünschten Schwierigkeitsgrad. Er liest die Frage mit dem gewünschten Schwierigkeitsgrad vor. ◆ Kann der Spieler sie beantworten, bekommt er die dem Schwierigkeitsgrad entsprechende Anzahl von Bohnen aus der Bank. Wenn nicht, muss er die entsprechende Anzahl an die Bank zahlen! ◆ Das Fragekärtchen kommt zuunterst in den Stapel. ◆ Nun ist der nächste Spieler an der Reihe! ◆ Gewonnen hat, wer zuerst 30 Bohnen besitzt.	SK	
❗ ✏️👤	„Was passt nicht dazu?" in der roten Folie, OH-Stift	Überblick „Griechische Geschichte"	◆ siehe Arbeitsblatt	SK	
✳ 👥👥👥👥	Geschichtequartett	Überblick „Griechische Geschichte"	◆ Wer gewinnt?	SK	
✳ 👥👥👥👥👥👥👥👥	Bingo	Was ist das?	◆ Lest die Spielanleitung! ◆ Wer gewinnt?	SK	
❗ 👥👥👥👥👥👥👥👥	Bingo	Wann war das?	◆ Lest die Spielanleitung! ◆ Wer gewinnt?	SK	

Mykene
- Warum heißen die Burgmauern in Mykene Zyklopenmauern?
- ● Wie hieß der von Odysseus geblendete Zyklop?
- ● ● Nenne die älteste Großskulptur auf griechischem Boden!

Kreta
- Was ist der Minotauros?
- ● Wo ist das historische Vorbild des Labyrinths, in dem angeblich der Minotauros hauste, zu finden?
- ● ● Wann ging die minoische Kultur unter?

Götter
- Nenne Göttervater und Göttermutter!
- ● Nenne eine der neun Musen!
- ● ● Wie heißt die finsterste Unterwelt?

Götter
- Nenne die Attribute (Zeichen) des Zeus!
- ● Was essen und trinken die Götter?
- ● ● Wer war ursprünglich der höchste Gott?

Götter
- Nenne den Gott des Meeres und sein Symbol!
- ● Welche griechische Gottheit wurde nicht verehrt?
- ● ● Die Statue welcher Göttin steht in Wien vor dem Parlament?

Götterverehrung
- Wie nennt man eine Weissagung?
- ● Wie hieß die Priesterin des Orakels in Delphi?
- ● ● Wie nennt man ein Sühneopfer, bei dem das Opfertier verbrannt wurde?

Olympia
- In welchen Jahresabständen wurden die Olympischen Spiele abgehalten?
- ● Was ist eine Olympiade?
- ● ● Wie heißt jene Ringkampfart, bei der alles außer Augenauskratzen erlaubt ist?

Olympia
- Wer durfte an den Olympischen Spielen teilnehmen?
- ● Nenne die Wettkampfarten des Fünfkampfs!
- ● ● Wann fanden laut der Überlieferung die ersten Olympischen Spiele statt?

Olympia
- Womit wurde ein Olympiasieger ausgezeichnet?
- ● Zu Ehren welchen Gottes fanden die Olympischen Spiele statt?
- ● ● Wer schuf die 12 m hohe Zeusstatue für den Zeustempel in Olympia?

Regierungsformen
- Nenne das Fremdwort für Königsherrschaft!
- ● Wie nannten die Griechen die Adeligen?
- ● ● Wie nannte man die obersten Beamten der griechischen Demokratie?

Demokratie heute
- Wie bezeichnet man das österreichische Staatsoberhaupt?
- ● Wenn die Staatsbürger eine politische Entscheidung direkt treffen, ist das eine ...
- ● ● Aus welchen beiden Gremien setzt sich das Parlament zusammen?

Demokratie heute
- Wer steht an der Spitze der Bundesregierung?
- ● Amtstitel der Mitglieder der Bundesregierung
- ● ● Wie bezeichnet man eine Gruppe von Staatsbürgern, die sich zusammengeschlossen haben, um ein Anliegen durchzusetzen?

- Alle vier Jahre
- ● Der Zeitraum zwischen den Olympischen Spielen
- ●●● Pankration

- Nur griechische Athleten
- ●● Laufen, Springen, Diskus-, Speerwerfen, Ringen
- ●●● 776 v. Chr.

- Mit einem Olivenzweig
- ●● Zu Ehren des Zeus
- ●●● Phidias

- Monarchie
- ●● Aristoi („die Besten")
- ●●● Archonten

- Bundespräsident
- ●● Volksabstimmung
- ●●● Aus Nationalrat und Bundesrat

- Der Bundeskanzler
- ●● Minister
- ●●● Bürgerinitiative

- Die Steinblöcke sollen von einäugigen Riesen, den Zyklopen, aufgetürmt worden sein.
- ●● Polyphem
- ●●● Das Löwentor von Mykene

- Ein Ungeheuer, halb Stier, halb Mensch
- ●● Der Palast von Knossos auf Kreta
- ●●● Ca. 1400 v. Chr.

- Zeus, Hera
- ●● Klio, Melpomene, Urania, Erato, Polyhymnia, Kalliope, Thalia, Terpsychore, Euterpe
- ●●● Tartaros

- Blitz und Adler
- ●● Nektar und Ambrosia
- ●●● Uranos

- Poseidon/Dreizack
- ●● Ares, der Kriegsgott, der Urheber aller Sorgen
- ●●● Die Statue der Pallas Athene

- Orakel
- ●● Pythia
- ●●● Holokauston

Demokratie heute

- Wer ist für die Rechtssprechung zuständig?
- • • Wenn die Staatsbürger mit ihrer Unterschrift dafür eintreten, dass ein bestimmtes Anliegen im Nationalrat behandelt wird, ist das ...
- • • • Wer ist für die Gesetzgebung zuständig?

- Gerichte, Berufsrichter
- • • Ein Volksbegehren
- • • • Der Nationalrat und der Bundesrat

Baukunst

- Aus welchem Material waren griechische Tempel?
- • • Wie heißt der Tempel der Pallas Athene auf der Akropolis von Athen?
- • • • Der Gesimsstreifen welchen Tempels auf der Akropolis zeigt den Sieg über die Perser?

- Aus Stein, Marmor
- • • Parthenon
- • • • Der des Niketempels

Alltagsleben

- Ab welchem Alter gingen griechische Knaben zur Schule?
- • • Was lernten Knaben in der Schule?
- • • • Wie nennt man die Gastmahle, die die Griechen veranstalteten?

- Ab 7 Jahren
- • • Lesen, schreiben, rechnen, Flöte und Leier spielen, Speer und Diskus werfen, springen, laufen, Faustkampf
- • • • Symposien (Einzahl: Symposion)

Alltagsleben

- Was lernten die griechischen Mädchen in der Schule?
- • • Ab welchem Alter wurden griechische Mädchen verheiratet?
- • • • Wie hieß das Frauengemach?

- Sie gingen nicht in die Schule!
- • • Ab ca. 13 Jahren
- • • • Gynaikon

Alexander der Große

- Wie hieß der Vater Alexanders des Großen?
- • • Wie heißt der Fluss, an dem Alexanders Heer die Perser besiegte?
- • • • Wann und wo starb Alexander?

- Philipp II. von Makedonien
- • • Granikos
- • • • 323 v. Chr. in Babylon

Hellenismus

- Welche berühmte hellenistische Weltstadt liegt in Ägypten?
- • • Welche Kulturen verschmolzen im Hellenismus?
- • • • Wie hieß die Forschungsstätte, das Zentrum der Gelehrsamkeit, in Alexandria?

- Alexandria
- • • Griechische und orientalische Kultur
- • • • Museion

Was passt nicht dazu?

Streiche alle Begriffe, die nicht dazupassen, durch!

Mykene	Agamemnon	Athene	Zyklopenmauern	Löwentor
Kreta	Minos	Minotauros	Midas	Labyrinth
Zeus	Olympia	Wagenrennen	Diskuswerfen	Bogenschießen
Apollon	Artemis	Musenchor	Pfeil und Bogen	Flügelschuhe
Poseidon	Wein	Erdbeben	Dreizack	Meer
Unterwelt	Hades	Niobe	Kerberos	Styx
Reformen	Solon	Schuldsklaverei	Gesetze	Ostrakismos
Demokratie	Perikles	Vollbürger	Frauen	Volksversammlung
Demokratie heute	Scherbengericht	Parteien	Wahlen	Volksabstimmung
Weissagung	Delphi	Apollon	Orchestra	Pythia
Theater	Kothurne	Drama	Chor	weibliche Darsteller
Theater	Zeus	Altar	Skene	Dionysos
Akropolis	Parthenon	Athene	Piräus	Phidias
Alltagsleben	Symposion	Agora	Gynaikon	öffentliche Schulen
Baustil	medisch	dorisch	korinthisch	ionisch
Wissenschaft	Eternit	Pythagoras	Archimedes	Hippokrates
Alexander der Große	Issos	Indien	Italien	Makedonien
Hellenismus	Alexandria	Griechisch	Altar von Pergamon	Philipp II. von Makedonien

Geschichtequartett 1

Minoische Kultur — A
- Minotauros
- Doppelaxt
- Stierspringen
- Palast von Knossos (Grundriss, Labyrinth)

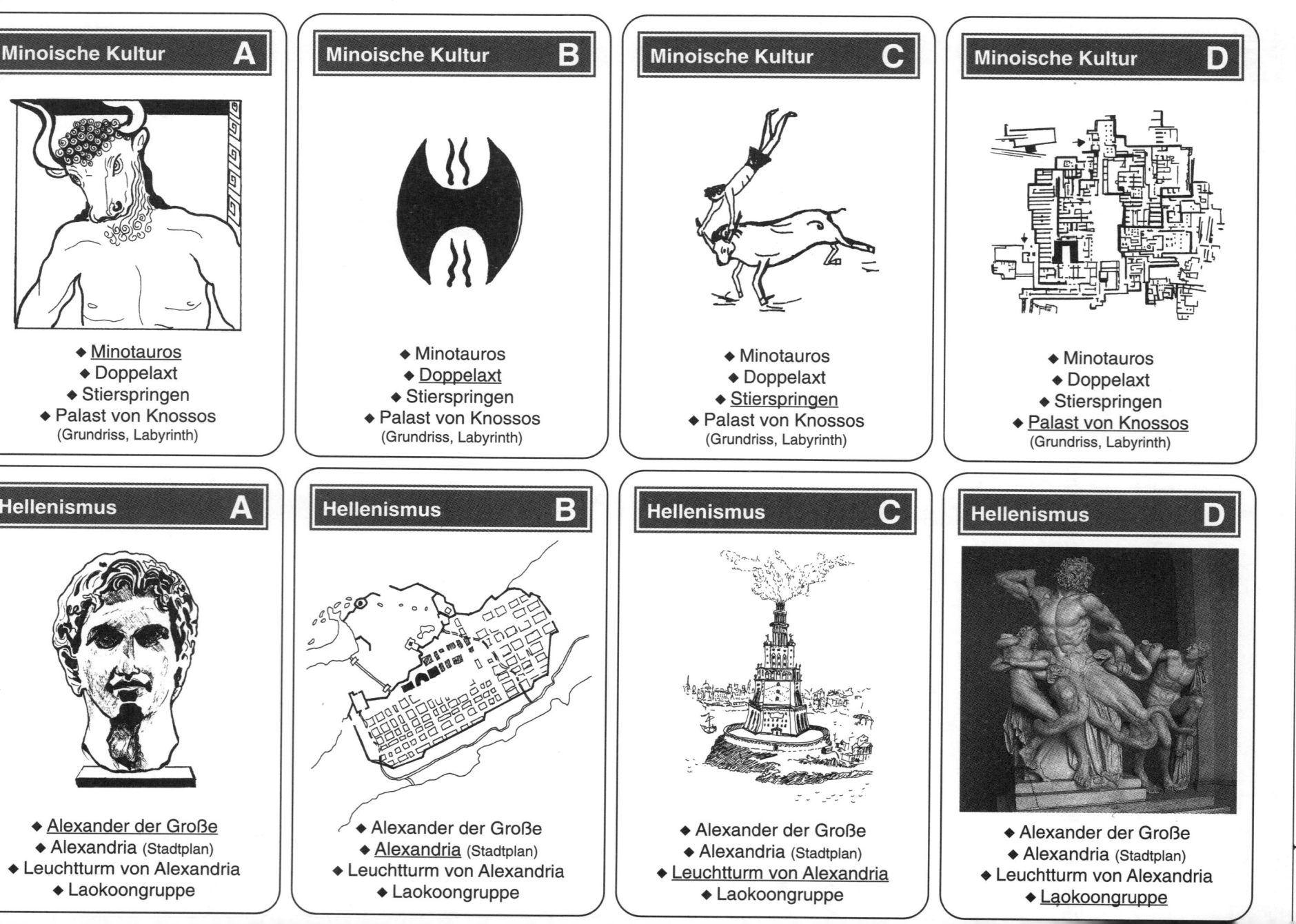

Minoische Kultur — B
- Minotauros
- Doppelaxt
- Stierspringen
- Palast von Knossos (Grundriss, Labyrinth)

Minoische Kultur — C
- Minotauros
- Doppelaxt
- Stierspringen
- Palast von Knossos (Grundriss, Labyrinth)

Minoische Kultur — D
- Minotauros
- Doppelaxt
- Stierspringen
- Palast von Knossos (Grundriss, Labyrinth)

Hellenismus — A
- Alexander der Große
- Alexandria (Stadtplan)
- Leuchtturm von Alexandria
- Laokoongruppe

Hellenismus — B
- Alexander der Große
- Alexandria (Stadtplan)
- Leuchtturm von Alexandria
- Laokoongruppe

Hellenismus — C
- Alexander der Große
- Alexandria (Stadtplan)
- Leuchtturm von Alexandria
- Laokoongruppe

Hellenismus — D
- Alexander der Große
- Alexandria (Stadtplan)
- Leuchtturm von Alexandria
- Laokoongruppe

VERITAS-Kopiervorlage

Geschichtequartett 2

Olympische Spiele 1 — A

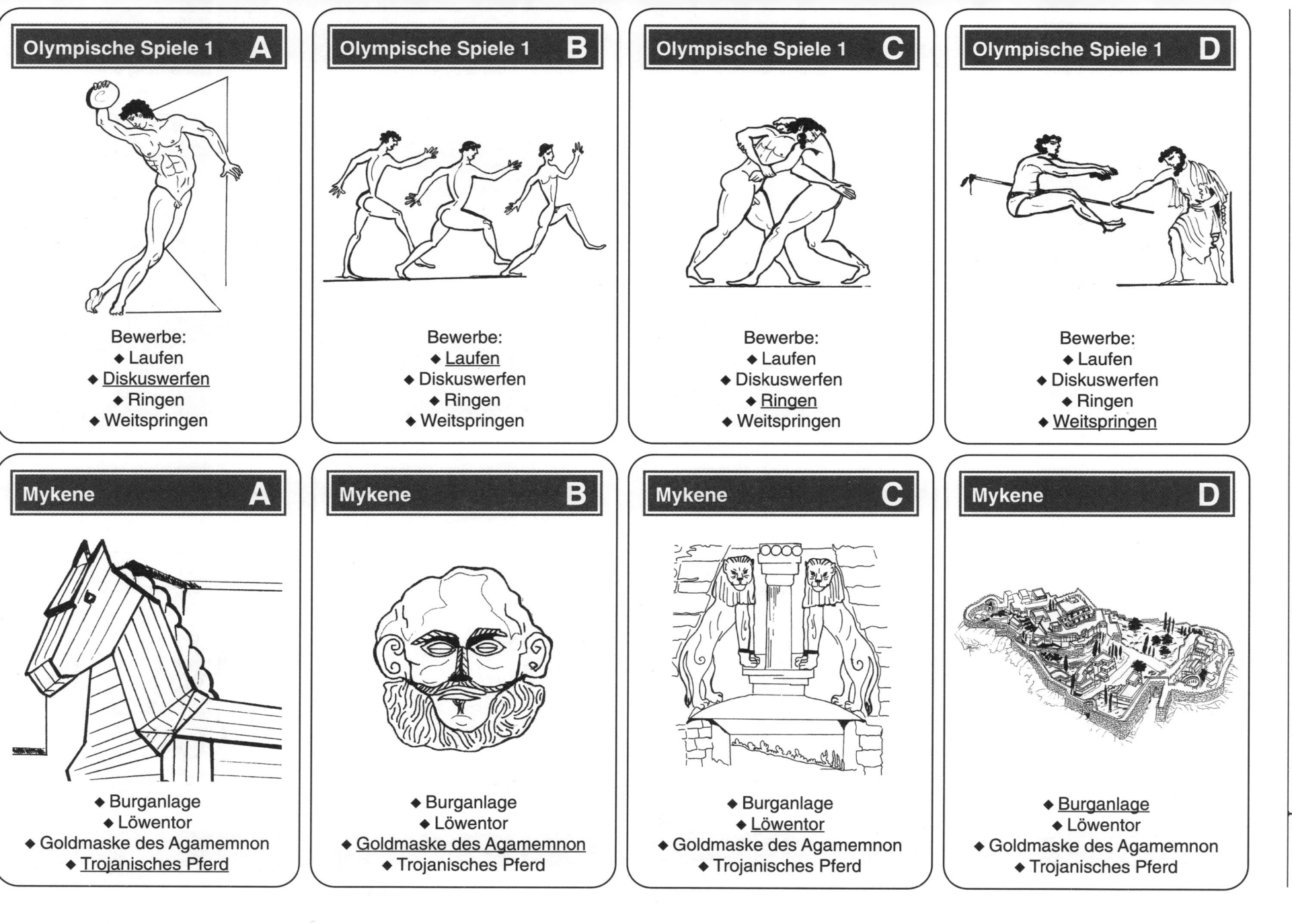

Bewerbe:
- Laufen
- **Diskuswerfen**
- Ringen
- Weitspringen

Olympische Spiele 1 — B

Bewerbe:
- **Laufen**
- Diskuswerfen
- Ringen
- Weitspringen

Olympische Spiele 1 — C

Bewerbe:
- Laufen
- Diskuswerfen
- **Ringen**
- Weitspringen

Olympische Spiele 1 — D

Bewerbe:
- Laufen
- Diskuswerfen
- Ringen
- **Weitspringen**

Mykene — A

- Burganlage
- Löwentor
- Goldmaske des Agamemnon
- **Trojanisches Pferd**

Mykene — B

- Burganlage
- Löwentor
- **Goldmaske des Agamemnon**
- Trojanisches Pferd

Mykene — C

- Burganlage
- **Löwentor**
- Goldmaske des Agamemnon
- Trojanisches Pferd

Mykene — D

- **Burganlage**
- Löwentor
- Goldmaske des Agamemnon
- Trojanisches Pferd

VERITAS-Kopiervorlage

Geschichtequartett 3

Götter 2 — A

Kinder des Zeus
- **Pallas Athene** (Göttin der Weisheit, Schutzherrin Athens)
- Artemis (Göttin der Jagd)
- Aphrodite (Göttin der Schönheit)
- Hermes (Götterbote; Beschützer der Wanderer, Kaufleute, Diebe)

Götter 2 — B

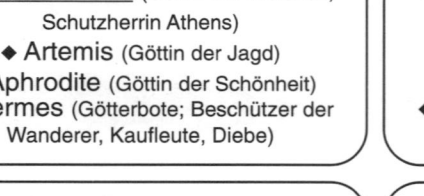

Kinder des Zeus
- Pallas Athene (Göttin der Weisheit, Schutzherrin Athens)
- **Artemis** (Göttin der Jagd)
- Aphrodite (Göttin der Schönheit)
- Hermes (Götterbote; Beschützer der Wanderer, Kaufleute, Diebe)

Götter 2 — C

Kinder des Zeus
- Pallas Athene (Göttin der Weisheit, Schutzherrin Athens)
- Artemis (Göttin der Jagd)
- **Aphrodite** (Göttin der Schönheit)
- Hermes (Götterbote; Beschützer der Wanderer, Kaufleute, Diebe)

Götter 2 — D

Kinder des Zeus
- Pallas Athene (Göttin der Weisheit, Schutzherrin Athens)
- Artemis (Göttin der Jagd)
- Aphrodite (Göttin der Schönheit)
- **Hermes** (Götterbote; Beschützer der Wanderer, Kaufleute, Diebe)

Kunst — A

- **Baukunst** (Tempelbau)
  - Statuen
  - Reliefs
  - Vasenmalereien

Kunst — B

- Baukunst (Tempelbau)
  - **Statuen**
  - Reliefs
  - Vasenmalereien

Kunst — C

- Baukunst (Tempelbau)
  - Statuen
  - **Reliefs**
  - Vasenmalereien

Kunst — D

- Baukunst (Tempelbau)
  - Statuen
  - Reliefs
  - **Vasenmalereien**

Geschichtequartett 4

Theater und Dichtkunst D

- Homer („Ilias" und „Odyssee")
- Freilufttheater (Orchestra)
- Tragödie (Stoffe aus Götter- und Heldensagen – ernstes Schauspiel)
- <u>Komödie</u> (Lustspiel – Verspottung von Göttern und Menschen)

Theater und Dichtkunst C

- Homer („Ilias" und „Odyssee")
- Freilufttheater (Orchestra)
- <u>Tragödie</u> (Stoffe aus Götter- und Heldensagen – ernstes Schauspiel)
- Komödie (Lustspiel – Verspottung von Göttern und Menschen)

Theater und Dichtkunst B

- <u>Homer</u> („Ilias" und „Odyssee")
- Freilufttheater (Orchestra)
- Tragödie (Stoffe aus Götter- und Heldensagen – ernstes Schauspiel)
- Komödie (Lustspiel – Verspottung von Göttern und Menschen)

Theater und Dichtkunst A

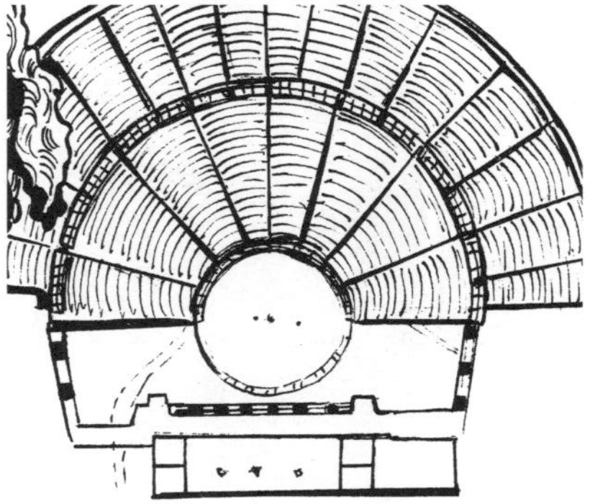

- Homer („Ilias" und „Odyssee")
- <u>Freilufttheater</u> (Orchestra)
- Tragödie (Stoffe aus Götter- und Heldensagen – ernstes Schauspiel)
- Komödie (Lustspiel – Verspottung von Göttern und Menschen)

Götter 1 D

Zeus und seine Geschwister
- Zeus (Göttervater)
- Poseidon (Gott des Meeres)
- Hades (Gott der Unterwelt)
- <u>Hera</u> (Gattin des Zeus, Beschützerin der Ehe)

Götter 1 C

Zeus und seine Geschwister
- Zeus (Göttervater)
- <u>Poseidon</u> (Gott des Meeres)
- Hades (Gott der Unterwelt)
- Hera (Gattin des Zeus, Beschützerin der Ehe)

Götter 1 B

Zeus und seine Geschwister
- <u>Zeus</u> (Göttervater)
- Poseidon (Gott des Meeres)
- Hades (Gott der Unterwelt)
- Hera (Gattin des Zeus, Beschützerin der Ehe)

Götter 1 A

Zeus und seine Geschwister
- Zeus (Göttervater)
- Poseidon (Gott des Meeres)
- <u>Hades</u> (Gott der Unterwelt)
- Hera (Gattin des Zeus, Beschützerin der Ehe)

VERITAS-Kopiervorlage

Geschichtequartett 5

Herrschaftsformen A
- **Monarchie** (Königsherrschaft)
- Aristokratie (Adelsherrschaft)
- Tyrannis (Gewalt-)Herrschaft eines einzelnen, der zunächst versucht, die Massen zu gewinnen
- Demokratie (Volksherrschaft – alle erwachsenen Bürger entscheiden)

Herrschaftsformen B
- Monarchie (Königsherrschaft)
- **Aristokratie** (Adelsherrschaft)
- Tyrannis (Gewalt-)Herrschaft eines einzelnen, der zunächst versucht, die Massen zu gewinnen
- Demokratie (Volksherrschaft – alle erwachsenen Bürger entscheiden)

Herrschaftsformen C
- Monarchie (Königsherrschaft)
- Aristokratie (Adelsherrschaft)
- **Tyrannis** (Gewalt-)Herrschaft eines einzelnen, der zunächst versucht, die Massen zu gewinnen
- Demokratie (Volksherrschaft – alle erwachsenen Bürger entscheiden)

Herrschaftsformen D
- Monarchie (Königsherrschaft)
- Aristokratie (Adelsherrschaft)
- Tyrannis (Gewalt-)Herrschaft eines einzelnen, der zunächst versucht, die Massen zu gewinnen
- **Demokratie** (Volksherrschaft – alle erwachsenen Bürger entscheiden)

Kolonisation A
- Segesta (Sizilien)
- Paestum (Süditalien)
- Milet (Kleinasien)
- **Agrigent** (Sizilien)

Kolonisation B
- Segesta (Sizilien)
- Paestum (Süditalien)
- **Milet** (Kleinasien)
- Agrigent (Sizilien)

Kolonisation C
- Segesta (Sizilien)
- **Paestum** (Süditalien)
- Milet (Kleinasien)
- Agrigent (Sizilien)

Kolonisation D
- **Segesta** (Sizilien)
- Paestum (Süditalien)
- Milet (Kleinasien)
- Agrigent (Sizilien)

Geschichtequartett 6

Olympische Spiele 2 — D
- Olympionike (Sieger Olympischer Spiele)
- <u>Entzünden des olympischen Feuers</u>
- Wagenrennen
- Wettlauf in voller Rüstung

Alltagsleben in der Polis — D
- Händler mit Teppichen
- Schmied
- Bauer mit Schafherde
- <u>Schüler beim Unterricht</u>

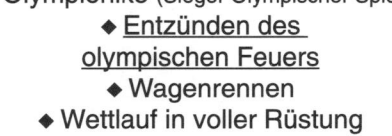

Olympische Spiele 2 — C
- Olympionike (Sieger Olympischer Spiele)
- Entzünden des olympischen Feuers
- Wagenrennen
- <u>Wettlauf in voller Rüstung</u>

Alltagsleben in der Polis — C
- <u>Händler mit Teppichen</u>
- Schmied
- Bauer mit Schafherde
- Schüler beim Unterricht

Olympische Spiele 2 — B
- Olympionike (Sieger Olympischer Spiele)
- Entzünden des olympischen Feuers
- <u>Wagenrennen</u>
- Wettlauf in voller Rüstung

Alltagsleben in der Polis — B
- Händler mit Teppichen
- Schmied
- <u>Bauer mit Schafherde</u>
- Schüler beim Unterricht

Olympische Spiele 2 — A
- <u>Olympionike</u> (Sieger Olympischer Spiele)
- Entzünden des olympischen Feuers
- Wagenrennen
- Wettlauf in voller Rüstung

Alltagsleben in der Polis — A
- Händler mit Teppichen
- <u>Schmied</u>
- Bauer mit Schafherde
- Schüler beim Unterricht

VERITAS-Kopiervorlage

Bingo: Hinweise für LehrerInnen

♦ Zuerst die Drehscheiben und Lösungstafeln, Buchstabenkärtchen (B1, I1 …) in einer der Klassenschülerzahl entsprechenden Anzahl – je drei bis vier Stück – auf buntes Papier kopieren, folieren, ausschneiden.

♦ Ein Loch in Pfeile und Scheiben stanzen oder bohren. Pfeile auf den Drehscheiben mit Splinten befestigen. Die Köpfchen der Splinte dürfen die Pfeile nicht einklemmen, sie können sich sonst nicht richtig drehen!

♦ Mit den Drehscheiben ermittelt der Spielleiter dann das Feld, z. B. N4, zu dem eine Antwort gegeben werden muss.

♦ Die Buchstabenkärtchen verdecken zu Spielbeginn auf der Lösungstafel des Spielleiters alle Lösungsfelder. Sie werden den Spielern für die richtigen Antworten ausgehändigt. Diese legen sie auf ihr Angabeblatt und sehen so, wenn sie fünf in einer Reihe haben und „Bingo!" rufen können. Der Spielleiter dagegen erkennt an den abgedeckten Lösungen, wenn er mit den Drehscheiben ein Feld ermittelt, das bereits beantwortet wurde. Dann muss er die Pfeile nochmals drehen.

♦ Die Angabeblätter werden für die Pflichtübung – das Bingospiel „Wann war das?" – in Klassenstärke abgezogen, für die Wahlübung – das Spiel „Was ist das?" – reicht sicher etwa die Hälfte.

♦ Sinnvoll ist es, dafür zu sorgen, dass der Spielleiter nach jedem „Bingo!"-Ruf wechselt!

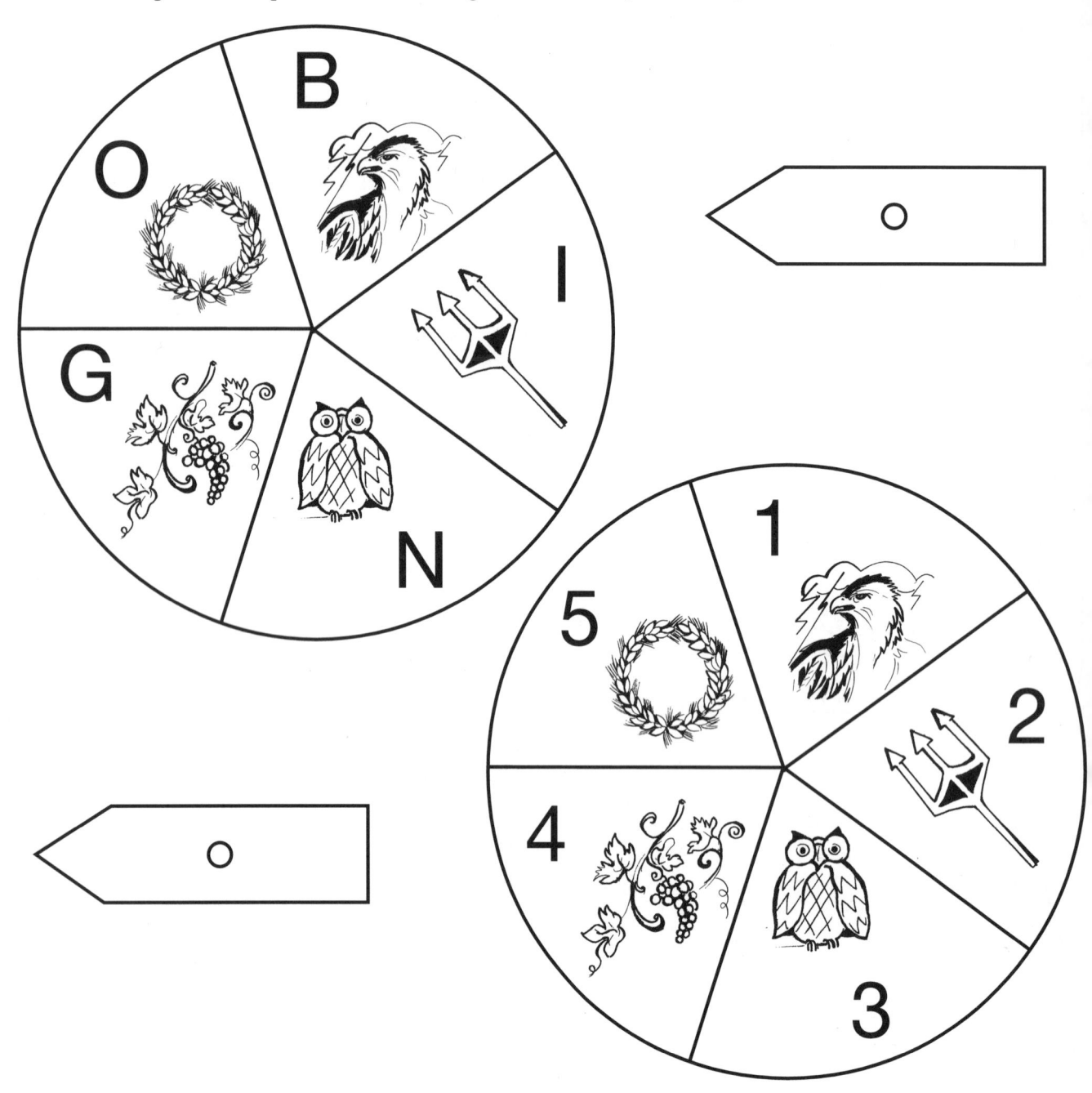

Bingo: Spielanleitungen

Bingo: Was ist das?

SPIELANLEITUNG

- Ideal sind 4 Spieler.
- Bestimmt einen Spielleiter! Dieser nimmt die Drehscheibe und die Lösungstafel zu sich und legt die mit B1, B2 etc. beschrifteten Kärtchen auf die entsprechenden Felder der Lösungstafel, wodurch die Abbildungen verdeckt werden.
- Die anderen Spieler erhalten je ein Angabeblatt.
- Der Spielleiter dreht die Zeiger der Zahlen- und Buchstabendrehscheibe. Er sagt laut das Ergebnis, z. B. N4.
- Die Spieler schauen nach, was auf Feld N4 abgebildet ist. Wer die Antwort weiß, hebt die Hand!
- Der Spielleiter fragt den Spieler, der sich zuerst gemeldet hat, nach der richtigen Lösung. Weiß er sie, erhält er das Kärtchen N4 und legt es auf das entsprechende Feld seines Angabeblattes. Weiß keiner die richtige Antwort, nennt der Spielleiter sie, vergibt aber das Kärtchen des Feldes diesmal nicht, sondern ermittelt das nächste Feld.
- Der Spieler, der zuerst 5 Kärtchen in einer Reihe (senkrecht, waagrecht oder diagonal) hat, ruft „Bingo!" und hat gewonnen!

Bingo: Wann war das?

SPIELANLEITUNG

- Ideal sind 4 Spieler.
- Bestimmt einen Spielleiter! Dieser nimmt die Drehscheibe und die Lösungstafel zu sich und legt die mit B1, B2 etc. beschrifteten Kärtchen auf die entsprechenden Felder der Lösungstafel, wodurch die Ereignisse verdeckt werden.
- Die anderen Spieler erhalten je ein Angabeblatt.
- Der Spielleiter dreht die Zeiger der Zahlen- und Buchstabendrehscheibe. Er sagt laut das Ergebnis, z. B. N4.
- Die Spieler schauen nach, was auf Feld N4 abgebildet ist. Wer die Antwort weiß, hebt die Hand!
- Der Spielleiter fragt den Spieler, der sich zuerst gemeldet hat, nach der richtigen Lösung. Weiß er sie, erhält er das Kärtchen N4 und legt es auf das entsprechende Feld seines Angabeblattes. Weiß keiner die richtige Antwort, nennt der Spielleiter sie, vergibt aber das Kärtchen des Feldes diesmal nicht, sondern ermittelt das nächste Feld.
- Der Spieler, der zuerst 5 Kärtchen in einer Reihe (waagrecht oder die Felder B1, I2, N3, G2, O1) hat, ruft „Bingo!" und hat gewonnen!

Bingo: Buchstabenkärtchen

B1	I1	N1	G1	O1
B2	I2	N2	G2	O2
B3	I3	N3	G3	O3
B4	I4	N4	G4	O4
B5	I5	N5	G5	O5

Was ist das? Wer ist das?

Wann war das?

B1	I1	N1	G1	O1
B2	I2	N2	G2	O2
B3	I3	N3	G3	O3

Bingo: Angabeblätter

Was ist das?	B	I	N	G	O
1					
2					
3					
4					
5					

Wann war das?	B	I	N	G	O
1	Minoische Kultur	Mykenische Kultur	Trojanisches Pferd	Entstehung der Aristokratie	Stadtstaat Athen
2	Olympische Spiele	Zeitalter Homers	Reformen Solons	Tyrannis	Marathon
3	Sieg über die Perser	Bau der Akropolis	Zeitalter des Perikles	Peloponnesischer Krieg	Alexander der Große

VERITAS-Kopiervorlage

Bingo: Lösungstafeln

Was ist das?	**B**	**I**	**N**	**G**	**O**
1	Mykenische Kultur: Löwentor	Minoische Kultur: Stierspringen	Trojanisches Pferd	Monarchie	Solon
2	Homer	Minoische Kultur: Knossos	Aristokratie	Tyrannis	Marathon
3	Demokratie	Akropolis	Perikles	Minotauros	Alexander der Große
4	Mykenische Kultur: Agamemnon	Leuchtturm von Alexandria	Laufen	Ringen	Theatermaske
5	Zeus	Poseidon	Hera	Wagenrennen	Pallas Athene

Wann war das?	**B**	**I**	**N**	**G**	**O**
1	ca. **2000 v. Chr** Minoische Kultur	ca. **1500 v. Chr.** Mykenische Kultur	ca. **1225 v. Chr.** Trojanisches Pferd	ca. **1100 v. Chr.** Entstehung d. Aristokratie	ca. **950 v. Chr.** Entstehung von Athen
2	**776 v. Chr** Olympische Spiele	ca. **750 v. Chr.** Zeitalter Homers	ca. **600 v. Chr.** Reformen Solons	ca. **540 v. Chr.** Tyrannis	**490 v. Chr.** Marathon
3	**480 v. Chr.** Sieg über die Perser	ab **450 v. Chr.** Bau der Akropolis	ca. **450/430 v. Chr.** Zeitalter des Perikles	ca. **430–405 v. Chr.** Peloponnesischer Krieg	**336–323 v. Chr.** Alexander der Große

Name: Wiederholung
                                                                                                     1

Wiederholung: Die Geschichte Griechenlands

1. Ordne die Bilder mit Pfeilen zu den richtigen Abschnitten auf dem Zeitstreifen zu! Gib den Bildern Unterschriften!

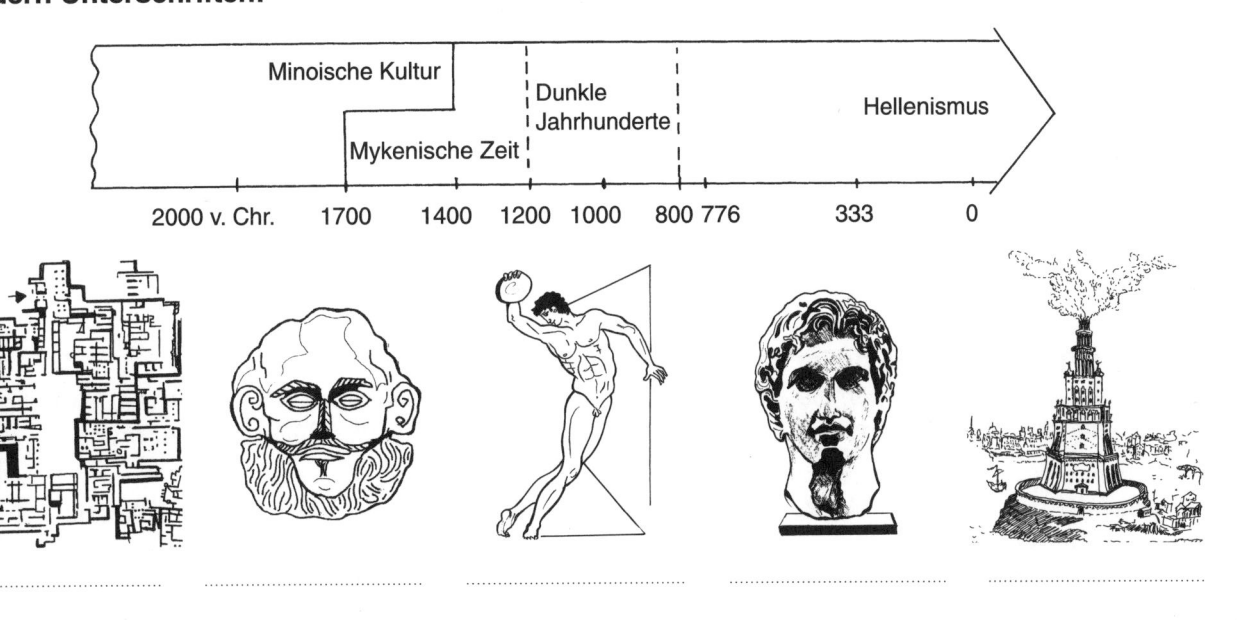

```
                Minoische Kultur
                                    Dunkle
                                    Jahrhunderte        Hellenismus
                    Mykenische Zeit

    2000 v. Chr.  1700   1400   1200  1000   800 776      333        0
```

2. Welche Gottheit ist das? Schreib auch ihre Aufgaben dazu!

1

2   3

4

5

6

– 107 –   VERITAS-Kopiervorlage

Wiederholung
2

3. Die griechische Kultur – *Kreuze die richtige Lösung an!*

Die Gründung von Tochterstädten rund um das Mittelmeer bezeichnet man als
☐ Hellenismus   ☐ griechische Kolonisation   ☐ Diadochenreiche

Weihespiele zu Ehren des Göttervaters Zeus fanden statt
☐ in Delphi   ☐ in Athen   ☐ in Olympia

Theateraufführungen fanden statt
☐ zu Ehren der Götter   ☐ zu Ehren des Königs   ☐ zu Ehren der Olympioniken

Die in Athen von der Volksversammlung wahrgenommene Aufgabe der Gesetzgebung ist in Österreich Aufgabe
☐ der Gerichte   ☐ des Parlaments   ☐ des Bundespräsidenten

4. Die staatliche Entwicklung im alten Griechenland

Bring die vier Abbildungen in die zeitlich richtige Abfolge (1, 2, 3, 4) und ordne ihnen die Texte zu, indem du sie mit den entsprechenden Nummern versiehst! Achtung, alle vier Zeilen sind zu ordnen!

Tyrannis	Monarchie	Demokratie	Aristokratie
Herrschaft des Königs	Herrschaft des Volkes	Herrschaft des Adels	Herrschaft eines Einzelnen
Eine Gruppe von Adeligen entscheidet	Ein Mann sucht die Massen zu gewinnen und reißt die Macht an sich	Ein König entscheidet	Alle Vollbürger entscheiden

5. WER ist das?

Er war Begründer des Wohlfahrtsstaates in Athen	Er begründete ein riesiges griechisches Weltreich	Er war angeblich Herrscher in Mykene	Er milderte die Gegensätze zwischen Arm und Reich und hob die Schuldknechtschaft auf
....	....	....	....

Lösungen

Seite 12: Heinrich Schliemann
geb. 6. Jänner 1822, gest. 26. Dezember 1890
Vom Vater hört er Geschichten über den Untergang Pompejis und die Heldenerzählungen von Homer. Weihnachten 1829 kommt er mit dem Vater überein, dass er dereinst Troja ausgraben soll. Krämerlehrling, Kajütenjunge auf See, Schiffbruch, Auswanderung nach Kalifornien, Goldstadt Sacramento, Reichtum, 1863 Geschäft aufgegeben, 1868 Reise zu den alten Königsfestungen auf dem Peloponnes, 1870 Beginn der Grabungen in der Türkei, Juni 1873 „Goldschatz des Priamos"

Seite 13f.: Der trojanische Krieg
1. Dardanos – **2.** Dardanos' Enkel Dros – **3.** Hekabe träumte, als sie schwanger war, sie bringe eine lebende Fackel zur Welt. Ein Seher weissagte ihr, dass der Sohn, den sie gebären werde, zum Untergang Trojas führen werde. So wurde Paris von einem Sklaven ausgesetzt. Eine Bärin säugte ihn und als der Sklave das Kind nach 5 Tagen lebend vorfand, zog er es heimlich auf. Paris wurde Hirte. – **4.** Paris will seinen schönsten Stier nicht verlieren, den Priamos als Preis für Wettkampfspiele aussetzt. So beteiligt er sich und gewinnt. Die Frage, wer der hübsche Jüngling sei, beantwortet seine Schwester Kassandra, die seherische Fähigkeiten hat. Die Familie nimmt ihn freudig auf. Die Weissagung über den Untergang Trojas ist vergessen. – **5.** Paris soll die Entscheidung fällen, welcher Göttin der Apfel mit der Aufschrift „der Schönsten" zusteht. – **6.** Eris, die Göttin der Zwietracht, die nicht zur Hochzeit von König Peleus von Thessalien mit der Meeresgöttin Thetis eingeladen war, rächte sich, indem sie den Apfel mit der Aufschrift „der Schönsten" in den Saal warf. – **7.** Hera: Königswürde und Land – Athene: Weisheit und Mannestugend – Aphrodite: die schönste Frau, Helena – **8.** Aphrodite – **9.** Paris entführt Helena, die Frau des Spartanerkönigs Menelaos, und raubt dessen Schätze. Dieser sammelt die griechischen Fürsten zu einem Rachefeldzug gegen Troja. – **10.** Achilleus – Agamemnon – Aias – Diomedes – Menelaos – Nestor – Odysseus – Patroklos – **11.** Aphrodite – Apollon – Ares – Artemis – Leto – **12.** Athene – Hera – Hermes – Hephaistos – Poseidon – **13.** Achilleus bleibt erzürnt dem Kampf fern, weil Agamemnon Briseis, die geraubte Tochter des Königs Brises, als Ersatz für Chriseis, die geraubte Tochter des Apollonpriesters, die Achilleus ihm zum Geschenk gemacht hat, verlangt. Chriseis wird ihrem Vater zurückgegeben, da Apollon zürnt und eine Seuche im griechischen Lager wüten lässt. Erst der Tod seines Freundes Patroklos führt Achilleus wieder an die Seite der Griechen. – **14.** Der Leichnam wird gewaschen, gesalbt und schön gekleidet. Es werden Opfertiere und Opfergaben dargebracht, der Leichnam verbrannt, Kampfspiele veranstaltet, ein Leichenschmaus gehalten und ein Erdhügel als „Denkmal" errichtet. – **15.** Achilleus jagt ihn dreimal um die Mauern Trojas, dann tötet er ihn im Zweikampf, durchbohrt seine Ferse und schleift den Leichnam um die Mauern Trojas. – **16.** Als er die Tore Trojas aus den Angeln heben will, gebietet Apollon ihm Einhalt. Achilleus begeht Götterfrevel, indem er Apollon droht, ihn werde sein Speer treffen. Daraufhin schießt ihm Apollon einen Pfeil in seine einzig verwundbare Stelle, die Ferse. (Daher der Name Achillesferse und Achillessehne!) – **17.** Odysseus hat eine List: Er lässt ein hölzernes Pferd anfertigen – ein angebliches Weihegeschenk für Athene. Die griechische Flotte segelt in ein Versteck, so hat es den Anschein, als seien die Griechen abgezogen. Im Bauch des Pferdes befinden sich aber die größten Helden. Die Trojaner bringen das Pferd in die Stadt, in der Meinung, niemand könne sie dann noch einnehmen. In der Nacht steigen die tapfersten griechischen Helden aus dem Bauch des Pferdes ... – **18.** Aineias, sein Sohn und sein Vater

Seite 15: Der trojanische Krieg – für Spezialisten
1. 1: Ilos – 2: Eris – 3: Pergamos – 4: Odysseus – 5: Ambrosia – 6: Nektar – 7: Menelaos – 8: Ferse – 9: Agamemnon – 10: Klytaimnestra – 11: Hephaistos – 12: Sieg – 13: Patroklos – 14: Mutter – 15: Hektor

Seite 17f.: Die Frühzeit der griechischen Geschichte
1. Griechenland liegt im Südosten Europas. Es ist ein gebirgiges Land mit eingebetteten Ebenen, wo Wein und Oliven angebaut werden, und mit fruchtbarem Küstengebiet, wo Getreide, Obst und Gemüse angepflanzt wird. Zahlreiche Inseln gehören zu Griechenland. Das Meer lud zu Seefahrt und Fischfang ein.
2. Wir betreten die Burganlage durch das Löwentor. Drei mächtige Steinblöcke, von denen der obere 20 Tonnen wiegen dürfte, bilden den Eingang. Darüber sehen Sie das berühmte Löwenrelief, zwei sich an einer Säule aufrichtende Löwen, die älteste Großskulptur auf griechischem Boden. Achten Sie auch auf die so genannten Zyklopenmauern von bis zu 5 Metern Dicke. Nur Riesen, die Zyklopen, können solch gewaltige Blöcke zu Mauern aufgetürmt haben! Folgen Sie mir durch einen ursprünglich gedeckten Gang zu der Terrasse mit den Königsgräbern. Hier sehen Sie rechter Hand ein Gebäude, das ursprünglich als Getreidespeicher diente. Die sechs Gräber von Königen enthielten die Leichen von 9 Männern, 8 Frauen und 2 Kindern und prachtvolle Grabbeigaben wie goldene Gesichtsmasken, Totenkronen, Siegelringe, Trinkgefäße etc. Hier sehen Sie auch Reste eines Tempels und großer Wohnhäuser. Folgen Sie mir nun den Hang aufwärts zu dem einstigen Königspalast, der von mächtigen Terrassenmauern geschützt war. Die Wände im Palast waren von herrlichen Malereien bedeckt. Im Ostteil der Burg befindet sich der Eingang zu einer unterirdischen Zisterne, die die Wasserversorgung des Palastes sicherte. Ein Geheimgang mit etwa 100 Stufen führte in die Zisterne. Im Norden befindet sich eine Ausfallpforte für Überraschungsangriffe. Sie ist neben dem Löwentor der einzige Zugang zur Burg.
3. Der trojanische Prinz Paris entführte Helena, die Gattin des Spartanerkönigs Menelaos, nach Troja. Zehn Jahre lang wurde daraufhin die Stadt von einem griechischen Heer unter der Führung von Menelaos' Bruder Agamemnon belagert. Auf dem Höhepunkt des Krieges kam es zum Zweikampf zwischen dem trojanischen Königssohn Hektor und dem griechischen Helden Achilleus, den letzterer gewann. Schließlich wurde die Stadt durch eine List des Königs von Ithaka, Odysseus, erobert und zerstört. Dieser hatte die griechischen Helden in einem hölzernen Pferd versteckt, das die Trojaner in ihre Stadt zogen, weil sie meinten, dass diese dadurch uneinnehmbar würde.

Lösungen

5. 1. Syrakusai, Syrakus, ja – 2. Massalia, Marseille, ja – 3. Nikaia, Nizza, ja – 4. Monoikos, Monaco, nein – 5. Neapolis, Neapel, ja – 6. Kroton, Crotone, nein – 7. Rhegion, Reggio di Calabria, ja – 8. Milet, Milet, nein – 9. Byzantion, Istanbul, ja – 10. Tomis, Constanta, ja

Seite 29f.: Die Palastkultur Kretas
1. Zuschauer spenden den Stierspringern Beifall. – Die reichen Kreterinnen trugen ein in der Taille geschürztes Mieder, die Röcke waren mit Voillants besetzt. Zu den Lendentüchern der Männer wurden breite Gürtel getragen. Besonderes Augenmerk galt der mit Federn geschmückten Frisur. – Der aus Holz und Stein gebaute Palast von Knossos hat zahlreiche Balkone in den Innenhof. – **2.** Minotauros – **3.** (Schwab, S. 95 f.) Athen war König Minos tributpflichtig, weil sie seinen Sohn nach Wettspielen aus Eifersucht hinterlistig getötet hatten: Alle neun Jahre mussten sie Minos 7 Jünglinge und 7 Jungfrauen nach Kreta schicken, wo man sie im Labyrinth des Minotauros, einem Stier mit Menschenkörper, als Opfer einschloss. Theseus, der Sohn König Aigeus', versprach den Athenern, das Los ihrer Söhne und Töchter zu teilen, den Minotauros zu töten und mit allen heil wiederzukehren. Sollte ihm dies gelingen, sollte das Schiff bei der Rückfahrt ein weißes statt des schwarzen Segels hissen. In Kreta verliebte sich Ariadne, die Tochter des König Minos, beim ersten Anblick in Theseus. Sie gab ihm ein Wollknäuel, das er am Eingang des Labyrinths anbinden und abspulen und mit dessen Hilfe er wieder aus dem Labyrinth herausfinden sollte, und ein geweihtes Schwert. Theseus besiegte den Minotauros, fand den Weg aus dem Labyrinth, zerstörte die kretischen Schiffe, damit sie ihm nicht folgen konnten, und fuhr mit Ariadne nach Naxos. Dort erschien ihm im Traum Dionysos (Bakchos), der ihm erklärte, dass Ariadne seine Frau werden solle. So verließ Theseus Naxos ohne Ariadne, vergaß aber in seiner Niedergeschlagenheit, das weiße Segel zu hissen. König Aigeus stürzte sich beim Anblick des schwarzen Segels ins Meer, das seither den Namen Ägäisches Meer trägt. – **4.** (Schwab, S. 76) König Minos hatte Poseidon als Opfer das Tier versprochen, das als erstes aus dem Meer auftauchen würde, weil er selbst kein würdiges Opfertier besaß. Poseidon ließ einen herrlichen, weißen Stier aufsteigen, der dem König so gut gefiel, dass er einen anderen opferte. Zur Strafe ließ Poseidon den Stier rasend werden und eine Menge Unheil anrichten. Herakles' 7. Arbeit bestand darin, den Stier zu zähmen. Pasiphae, Minos' Gattin, hatte sich in den von Poseidon geschickten Stier verliebt und gebar darauf ein Ungeheuer mit Menschenkörper und Stierkopf, das sich von Menschenfleisch ernährte. Minos ließ einen riesigen Palast erbauen und versteckte dort den Minotauros.

Seite 31: Theseus und das Labyrinth des Minotauros

Seite 33f.: Die Götterwelt der Griechen
1. Chaos – Gaia – Uranos – Zyklopen – Titanen – Uranos – Tartaros – Kronos – Rache – Zeus – Rhea – Titanen – Zyklopen – Blitz – Zeus – Hera – Olymp – Unsterblichkeit – Moira
2. und 3. 1: Zeus – Göttervater, Herrscher des Olymp; Adler und Blitz. Geschwister des Zeus: 2: Hera – Beschützerin der Ehe, der verheirateten Frauen, der Kinder des Hauses; Granatapfel, Pfau. 7: Poseidon – Gott des Meeres; Dreizack (wühlt das Meer auf, lässt die Erde beben). 14: Hades – Gott der Unterwelt, verheiratet mit Persephone, Tochter der Demeter; Höllenhund Kerberos. 5: Hestia – Hüterin des heimischen Herdes und der heiligen Flamme der Altäre; Herd. Kinder des Zeus: 3: Pallas Athene – Schutzherrin Athens, der weiblichen Handarbeit, Göttin der Wissenschaften, Künste, Weisheit; Eule, Ölbaum. 6: Apollon – Gott des Lichts, Schutzherr der Wahrheit, des Bogenschießens, führt den Chor der Musen an; Bogen, Köcher, Leier. 4: Artemis – Göttin des Mondes, der Jagd, Hüterin der Städte, der jungen Tiere, der Frauen jeden Alters; Hirschkuh, Bogen, Köcher. 9: Aphrodite – Göttin der Liebe und der Schönheit, Herrscherin über mädchenhaftes Geschwätz und weibliche List; Myrte, Rose. 13: Hephaistos – hinkender Götterschmied, in dessen Schmiede die erste sterbliche Frau entstand, der die Götter das Leben einhauchten; Hammer, Amboss. 11: Dionysos – Gott des Weines, der Sinnenfreuden und Künste; Weinrebe. 8: Demeter – Göttin der Ernte, Spenderin des Getreides und der Früchte; Mohnblüte, Kornähren. 12: Hermes – Götterbote, Beschützer der Herden, der Diebe, der Kaufleute, Wanderer, der Seelen der Verstorbenen; Flügelschuhe, goldener Stab, geflügelter Hut. Ohne Nr.: Ares – Gott des Krieges, Urheber aller Sorgen und Leiden des Krieges. 10: Pan – Hirtengott mit Bocksfüßen, Beschützer der Herden und Hirten; Panflöte

Seite 35f.: Wie sich die Griechen ihre Götter vorstellten
1. Olymp – unsterblich – essen – eifersüchtig – Menschen – Unheil – Krankheiten – Gebete – Opfer – Opfertier – Tempel – Standbilder. **2.** Wein, Milch, Kuchen, Gebäck, Ziegen, Schafe, Kühe, Stiere, Schweine. **3.** Von links nach rechts: (2) Das Feuer, über dem das in der Morgendämmerung geschlachtete Opfertier gebraten wird, wird angezündet. (3) Teile des Opfertieres werden an die Gläubigen verteilt. (1) Das Opfertier – in diesem Fall eine geschmückte Ziege.
4. 1: Hammel – 2: Apollon – 3: Blut – 4: Opfer – 5: Äskulap (Asklepios) – 6: Statuen – 7: Quellen – 8: Waschen – 9: Blitz – 10: Orakel – 11: Wein – Lösungswort: Holokauston
5. König Krösus wird das Perserreich zerstören. König Krösus wird sein eigenes Reich zerstören.

Seite 54: Die Spiele im antiken Olympia
vier – Amateure – Zeus – Ölzweig – Unterwelt – Ruhm – Olympia – Zeus – Athleten – Friede – Opfer – versprachen – einzuhalten – Pferde – Zeustempel

Seite 55: Die Olympischen Spiele
1. Weitspringen – Laufen – Wagenrennen – Ringen – Diskuswerfen
2. Männer – die Waffen – sorgfältig geübt zu haben / ehrlich zu kämpfen / die Spielregeln einzuhalten – Pferde- und Wagenrennen, Laufen, Springen, Ringen, Diskus- und Speer-

Lösungen

vurf, Lauf in Waffenrüstung – ein Ölzweig, eine Statue, Befreiung von Steuern, freier Lebensunterhalt, Geldgeschenke – verachtet – 776 v. Chr. – Zeus

Seite 56: Antike Athleten – Amateure oder Profis?
Ölzweiges – griechische – Heimatstadt – Geld – regelmäßige – Ruhm – Delphi – Poseidon – zwei

Seite 65f.: Die Entwicklung der Stadtstaaten (1)
1. Königen – Monarchie – Adel – Adeligen
Staatsform: Monarchie
Die Macht hat der König.

2. Aristokratie – Staatsform: Aristokratie
Die Macht hat der Adel.

3. Sizilien: Syrakusai (Syrakus) – Italien: Neapolis (Neapel), Kroton (Crotone), Rhegion (Reggio) – Frankreich: Massalia (Marseille), Nikaia (Nizza) – Kleinasien: Milet – am Schwarzen Meer: Byzantion (Istanbul), Tomis (Constanta).
Handel – Sklaven, Getreide, Lebensmitteln

4. Richtig: nicht mithalten, verfiel, verschuldeten sich, standen weiße Schuldsteine
Lückentext: Sklaven – Wein und Oliven – Töpferwaren, Geräte und Waffen – Kaufleuten und Handwerkern – reich – Mitspracherecht – arm – Bauern

5. in Säulen einmeißeln/niederschreiben – löschte/tilgte/ strich/hob auf – Areopag – vier – Volksversammlung

Seite 67f.: Die Entwicklung der Stadtstaaten (2)
1. Tyrann – Staatsform: Tyrannis
Die Macht hat ein Einzelner (Tyrann).

2. Scherbengericht: Auf den Scherben/Stimmzetteln standen die Namen der Männer, die zu einflussreich zu werden drohten. Wurde ein Name von der Mehrheit der Bürger auf die Scherben geschrieben, wurde derjenige bis zu zehn Jahre verbannt.

3. Marathon: Der schnellste Läufer wurde vom Befehlshaber der Athener von Marathon losgeschickt, um im 42,2 km entfernten Athen den Sieg zu verkünden. Nach dem Überbringen der Siegesnachricht brach er tot zusammen. Die sportliche Disziplin des Marathonlaufs geht bis heute über die Distanz von 42,2 km.

5. gleichen Rechte – Gleichberechtigung – Volksversammlung – entschieden – Strategen – Entschädigung

6. eine – Hälfte – direkte
Staatsform: Demokratie
Die Macht hat das Volk.

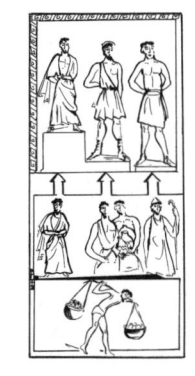

Seite 69: Demokratie in Athen
(Von oben nach unten:)
Bevölkerung: Männer, Frauen und Kinder, Metöken, Sklaven – Demokratie: Adelige, Kaufleute, Handwerker, Bauern; Frauen und Kinder; Metöken; Sklaven – politische Rechte: alle, keine, keine (persönlich frei), keine (persönlich unfrei)

Seite 74: Die griechische Kultur
1. Die „langen Mauern" sollten im Kriegsfall den Zugang zum Hafen sichern! – Piräus

2. Akropolis – Propyläen – 1 – Parthenon – 2 – Korenhalle – 3 – Nike – 4

3. Baukunst: von links nach rechts: dorisch (kurz, gedrungen, schmuckloses Kapitell) – ionisch (schlank; Schneckenkapitell = Voluten) – korinthisch (Akanthusblätterkapitell)
Plastik und Malerei: Nein, sie waren bunt bemalt. – Phidias – mit bemalten Statuen (Fries – 400 Menschen, 200 Tiere!)
Wissenschaft: Pythagoras: mathematische Lehrsätze ($a^2+b^2=c^2$) – Archimedes: Flaschenzug, Kräne, Hebelgesetz – Hippokrates: hippokratischer Eid der Ärzte, „Verordnungen zum Nutzen des Kranken"
Dichtkunst: Homer – Drama – Tragödien/Komödien

Seite 82: Der peloponnesische Krieg
gleichen – Taggeld – öffentlichen – Diäten – Aufgaben – Wohlfahrtsstaat – Handwerker – Händler – überstiegen – Untertanen – Unzufriedenheit – Pest – Gewinner – Alexander der Große

Seite 83: Alexander der Große (336–323)
1. Philipp II. von Makedonien – 2. mit 20 Jahren – 3. Kleinasien – Issos – Syrien – Ägypten: Alexandria – Mesopotamien – Gaugamela – Babylonien – Susa – Persepolis – Teheran – Indien – Susa – Tod – Babylon

Literatur

Seite 88: Der Hellenismus
2. 1: Hippodamus – 2: Pergament – 3: Goldschmiede – 4: Bibliothek – 5: Weihrauch – 6: Hafen – 7: Nil – 8: Schachbrett – 9: Museion – 10: Leuchtturm – 11: Salben
3. Sie wollten die Trojaner vor dem hölzernen Pferd der Griechen warnen.

Seite 95: Was passt nicht dazu?
Zu streichen: Athene – Midas – Bogenschießen – Flügelschuhe – Wein – Niobe – Ostrakismos – Frauen – Scherbengericht – Orchestra – weibliche Darsteller – Zeus – Piräus – öffentliche Schulen – medisch – Eternit – Italien – Philipp II. von Makedonien

Seite 107f.: Wiederholung
1. Tempel von Agrigent (Kolonisation, ca. 700 v. Chr.) – Maske des Agamemnon (Mykenische Zeit) – Korenhalle (Klassische Zeit) – Diskuswerfer (ab ca. 776 v. Chr.) – Labyrinth von Knossos (Minoische Kultur)
2. 4: Aphrodite: Göttin der Liebe – 1: Demeter: Ackerbau, Fruchtbarkeit – 5: Pallas Athene: Göttin der Weisheit – 3: Zeus: Göttervater – 2: Hera: Gemahlin des Zeus – 6: Apollon: Gott des Lichts
3. griechischen Kolonisation – in Olympia – zu Ehren der Götter – des Parlaments
5. Perikles – Alexander der Große – Agamemnon – Solon

Literatur

Pädagogik:

Bernd **Badegruber,** Offenes Lernen in 28 Schritten, Linz: Veritas Verlag 1992
V. F. **Birkenbihl,** Stroh im Kopf? Gebrauchsanleitung fürs Gehirn, Landsberg am Lech: Mvg-Verlag 1997
W. **Endres** et al, So macht Lernen Spaß. 11–16 Jahre, Weinheim/Basel: Beltz 1987
Jochen/Monika **Grell,** Unterrichtsrezepte, 10. unveränd. Aufl., Weinheim/Basel: Beltz 1994
Hilbert **Meyer,** Unterrichtsmethoden II. Praxisband Frankfurt am Main: Cornelsen Scriptor 1987
Robert **Ornstein,** Multimind. Ein neues Modell des menschlichen Geistes, Paderborn: Junfermann 1992
Bärbel **Rademacher**/Katharina **Flick,** Freiarbeit Werkbuch Sekundarstufe, Lichtenau: AOL Verlag 1995
Wulf **Wallrabenstein,** Offene Schule, offener Unterricht, Reinbek bei Hamburg: Rowohlt 1993
Rebecca **Wild,** Erziehung zum Sein, Heidelberg: Arbor 1991

Bücher für den GSK-Unterricht:

Das alte Griechenland. Kultur und Alltagsleben einer faszinierenden Epoche (= Sehen, Staunen, Wissen), Hildesheim: Gerstenberg 1993
Die Alten Griechen (= Was ist was Band 64), Nürnberg: Tessloff 1979
Die Zeit der Ägypter und Griechen. Von den Pharaonen bis zu Alexander dem Großen (= Die große Bertelsmann Enzyklopädie des Wissens, Bd. 3), Gütersloh/München: Bertelsmann 1992
Pierre **Miquel,** So lebten sie im alten Griechenland, Nürnberg: Tessloff 1992
Harald **Parigger,** Geschichte erzählt. Von der Antike bis zum 20. Jahrhundert, Frankfurt am Main: Cornelsen Scriptor, 1994
Harald **Parigger** (Hrsg.), Die Fundgrube für den Geschichtsunterricht. Das Nachschlagewerk für jeden Tag, Berlin: Cornelsen Scriptor 1996
Gerhard **Prause,** Tratschkes Lexikon für Besserwisser. Dichtung und Wahrheit in der Weltgeschichte, München: Nymphenburger 1984
Gustav **Schwab:** Die schönsten Sagen des klassischen Altertums, Berlin: Goldmann o. J. (Goldmann TB 1290)

Bildnachweis

Fotos:
Die erste Zahl bezieht sich auf die Seite, auf der das Bild vorkommt, die zweite nach dem Schrägstrich gibt die Nummer des Bildes an, die der Anordnung auf der Seite entspricht.

Creative Department of Sawyer's Inc., o.O.: 89/4 (Aus: Werner Ekschmitt, Die sieben Weltwunder. Verlag Ph. v. Zabern, Mainz 1984)
Erber Elisabeth, Wels: 100/2, 100/8, 107/1
Fellner Fritz, Freistadt: 37/1, 98/4
Guvussis Verlag, Athen: 77/1
Kneidinger Erwin, Stadt Haag: 76/3, 76/5, 98/8
Rohr Christian, Wels: 89/1, 89/2, 89/3, 96/2, 98/2, 100/6
Sokoloff Stephen, Linz: 89/5, 100/4
Tourismusverband, Wien (Trumler): 71/1
Trolp Wolfgang, Wien: 76/1, 76/4, 98/6, 107/3

In einigen Fällen konnten die Rechteinhaber nicht oder nur ungenau ermittelt werden.
Etwaige verletzte Urheberrechte wird der Verlag nach Anmeldung berechtigter Ansprüche entgelten.